VIE

DE

SAINT ARMEL

RELIGIEUX DE L'ANGLETERRE ET DE LA BRETAGNE

APOTRE ET PATRON DE BEAUMONT-LA-RONCE

PAR

LE CHANOINE L. BOSSEBŒUF

ARCHIVISTE DU DIOCÈSE

CURÉ INTÉRIMAIRE DE BEAUMONT-LA-RONCE

> Le bon Dieu l'enrichit de grâces
> non pareilles.
>
> (*Vie de saint Armel*, en vers,
> par un Tourangeau du XVII⁰ siècle.)

TOURS

MAISON ALFRED MAME ET FILS

IMPRIMEURS

1918

VIE

DE

SAINT ARMEL

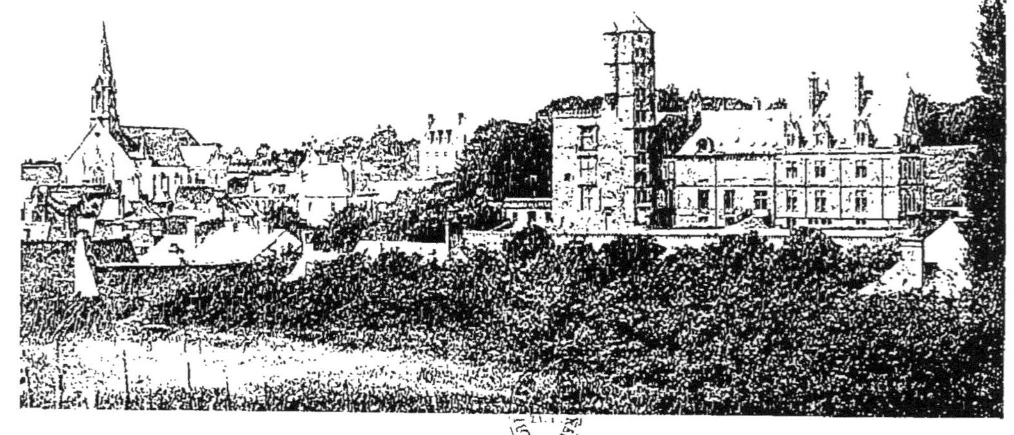

VUE DE BEAUMONT-LA-RONCE (I.-ET-L.)

A gauche, l'église rebâtie en 1893 ; à droite, le château (XIIᵉ - XIXᵉ s.)

VIE

DE

SAINT ARMEL

RELIGIEUX DE L'ANGLETERRE ET DE LA BRETAGNE

APOTRE ET PATRON DE BEAUMONT-LA-RONCE

PAR

LE CHANOINE L. BOSSEBŒUF

ARCHIVISTE DU DIOCÈSE

CURÉ INTÉRIMAIRE DE BEAUMONT-LA-RONCE

> Le bon Dieu l'enrichit de grâces
> non pareilles.
>
> (*Vie de saint Armel*, en vers,
> par un Tourangeau du XVIIᵉ siècle.)

TOURS

MAISON A. MAME ET FILS

—

1918

A L'ANGLETERRE

PAYS D'ORIGINE D'ARMEL

A LA FRANCE

SON PAYS D'ADOPTION

Noblement unies pour la sauvegarde indéfectible

des principes supérieurs de justice, d'honneur et de fraternité,

préchés par leur commun Apôtre,

JE DÉDIE CE PETIT LIVRE NÉ AU COURS DE LA GRANDE GUERRE

L.-A. B.

PRÉFACE

Voici une nouvelle Vie d'un saint personnage qui vécut dans les siècles lointains, à l'époque même de la formation de la nation française. Puisse ce modeste travail être en harmonie, sinon parfaite du moins suffisante, avec ce que l'on est en droit d'exiger de toute œuvre d'histoire, si peu considérable soit-elle !

L'histoire, en effet, est une science morale qui étudie le passé pour enseigner le présent et préparer l'avenir. Elle ne saurait être comme un fleuve troublé qui roule pêle-mêle dans ses ondes les débris des âges évanouis, mais comme un cours d'eau transparent, un miroir limpide, dans lequel se reflètent les hommes et les choses, les événements et les générations successives. C'est le tableau des Gestes de Dieu par la main des hommes, et des Gestes des hommes sous la main de Dieu, en sorte que l'impartialité la plus absolue, nous ne disons pas l'indifférence, doit présider à l'examen des documents, et la sincérité la plus entière doit guider dans leur exposition.

En conséquence, pour la mise en œuvre des pièces, l'ouvrier, maître ès arts ou simple artisan, est tenu de se diriger à l'aide des clartés de la probité la plus irréprochable. Assurément, l'his-

torien n'a pas l'obligation rigoureuse de cheminer
toujours dans la voie suivie par une école autorisée, et d'accompagner presque chaque ligne
d'un renvoi; mais il a du moins le devoir de
rompre en visière au procédé par trop imagina-
tif qui mêle l'histoire et le roman, ou même à la
méthode d'exposition trop complètement dépouil-
lée de références, comme on l'a pratiquée à une
certaine époque. A chaque pas, l'étude attentive
des sources, de leur valeur respective, est le flam-
beau qui éclaire les investigations, les sondages,
aussi bien que l'extraction des matériaux desti-
nés à entrer dans la construction, car tant vaut
la nature de la carrière, tant vaut la stabilité de
l'édifice à élever par les soins de l'ouvrier expert.
En d'autres termes, si d'une part l'honnêteté scien-
tifique s'impose à la main, à la plume dans la
narration, d'autre part, l'esprit d'une judicieuse
critique est tout ensemble l'œil et le marteau char-
gés d'éprouver la valeur des documents à utiliser.

C'est à la lumière de ces considérations, — qui
pour ressembler à un lieu commun n'en sont pas
moins bonnes à replacer de temps en temps devant
la pensée de nos contemporains, par trop distraits
et passionnés, — que nous abordons le récit sommaire de la vie de saint Armel, en indiquant
tout d'abord les sources auxquelles elle a été
puisée.

Les documents relatifs aux personnages jouis-
sant du renom de sainteté sont empruntés prin-
cipalement à deux sources. Ce sont d'abord les

*légendes, entendues au sens original, legenda,
lectiones, ou les récits contenus dans les textes
liturgiques : lectionnaires, antiphonaires, missels,
bréviaires et autres livres gardant pour ainsi dire
le cachet de l'Église. Puis, en second lieu, se pré-
sentent les œuvres des auteurs hagiographiques,
soit conservées dans les manuscrits originaux ou
dans les copies authentiques, soit publiées depuis
l'invention de l'imprimerie. On comprend dès
lors que la première catégorie de renseignements, sans d'ailleurs appartenir aucunement
au domaine de la foi, tend à revêtir un caractère plus autorisé que les témoignages empruntés
à des écrivains considérés individuellement.*

*La liturgie, qui est comme la cristallisation
vivante tout ensemble des croyances et des traditions, est une mine singulièrement précieuse pour
l'hagiographie, et il importe avant tout de con-
sulter les anciennes bibliothèques, hélas! actuellement dispersées, des vieilles églises épiscopales,
paroissiales et conventuelles. Cet admirable fais-
ceau de prières et de leçons reçut de la réforme
liturgique, décrétée par le concile de Trente au
XVIᵉ siècle, une coordination plus harmonique,
et les bréviaires et missels romains devinrent le
type dont on cherche communément à se rappro-
cher de plus en plus.*

*En vue de resserrer l'unité religieuse, il a pu
arriver que le « Propre », ou calendrier local des
saints des diocèses et des provinces, se vît imposer
certains sacrifices; mais des mains fidèles s'atta-*

chèrent à entretenir pieusement le culte de tel ou
tel saint vénéré dans une région particulière.
Puis, le XVIIᵉ siècle, qui imprima un cachet d'élégance classique aux compositions liturgiques
ainsi qu'à tant d'autres œuvres, contribua à
remettre en honneur le culte local, et le mouvement se poursuivit au siècle suivant. Ajoutons
de suite qu'au XIXᵉ siècle les réformes entreprises
par les souverains Pontifes ont confirmé la juste
part réclamée par l'histoire religieuse de chaque
diocèse, si bien que la haute approbation du chef
de l'Église a conféré à l'ensemble de ces traditions
tout à la fois un caractère définitif d'unité et une
consécration plus autorisée. C'est assez dire que
les « Propres » anciens, dont les éléments primor-
diaux sont constitués par des traditions et des
documents de la plus haute antiquité, sont en
mesure de fournir aux chercheurs un champ fer-
tile en explorations.

Nous avons à appliquer ces observations générales à l'histoire de saint Armel. Les trois diocèses dans lesquels le saint a fait un séjour plus
prolongé en Armorique étant ceux de Saint-Pol
de Léon, de Rennes et de Saint-Malo, ce dernier
réuni à ceux de Rennes et de Vannes, c'est surtout dans les livres liturgiques de ces diocèses
qu'il convient de rechercher la narration des actes
— Acta — du Bienheureux. Tout naturellement,
l'on doit y ajouter les livres des autres circon-
scriptions diocésaines qui gardent aussi la mémoire du saint, comme celles de Saint-Brieuc, de

Tours, etc. A tour de rôle ou simultanément, les lectiones, leçons ou récits lus durant les offices religieux, nous rediront les détails de la vie de saint Armel, que nous recueillerons avec l'attention et le respect qui s'attachent aux lointains souvenirs, aux missionnaires de l'Évangile et aux bienfaiteurs de l'humanité.

En outre, l'on sait que dans la suite des âges le champ si vaste et si fécond de l'hagiographie chrétienne a été défriché et cultivé par des mains d'une expérience consommée. Nous aurons donc à leur emprunter les renseignements d'une valeur éprouvée, à moins que ce ne soit les interprétations et les déductions sérieusement fondées. Dans cet ordre d'idées, voici quels sont les auteurs qui nous intéressent particulièrement pour notre sujet.

Le dominicain Albert le Grand, originaire de Morlaix, se présente à nous avec ses Vies des saints de Bretagne, *ouvrage publié en 1637 et qui eut plusieurs éditions; ce travail de recherches persévérantes et consciencieuses, que la critique demande à éclairer de ses observations lumineuses, renferme un chapitre inspiré tout à la fois par les textes liturgiques et par les données traditionnelles. A son tour, le bénédictin dom Lobineau, né à Rennes en 1666, a publié les* Vies des Saints de Bretagne, *où l'érudition se fait tout ensemble plus littéraire dans la forme et plus discrète à l'égard des traditions populaires. Son chapitre touchant saint Armel renferme l'examen justifié* des questions de chronologie et de géographie; il a été publié à nouveau, avec des notes, dans la réédition de l'ouvrage de dom Lobineau par l'abbé Tresvaux (1836). De son côté, dans les Acta Sanctorum des Bollandistes, le Père J.-B. du Solier a écrit une dissertation raisonnée et sommaire au sujet de notre saint. Le Bienheureux a également trouvé place dans les ouvrages d'un caractère plus général, et l'oratorien Lecointe a résumé la vie dans son Histoire ecclésiastique des Gaules.

A côté de ces travaux de doctes historiens, le saint a rencontré des biographes moins connus dans l'auteur ancien de la Vie de saint Armel, rédigée en latin, dans le Drame ou Mystère de Ploërmel, composé en vers, et dans l'Abrégé de la Vie et des Miracles de saint Armel, notice aussi en vers qui se rapporte plus spécialement au séjour du Bienheureux en Touraine. Enfin, plus près de nous, au cours du dernier tiers du XIXe siècle, l'histoire du saint a été écrite avec une plume élégante, au service d'un savoir nourri et d'une solide piété, par M. le chanoine P. Janvier : Vie de saint Armel (Tours, L. Bousrez, 1868, in-32), et par M. le chanoine Cruchet, alors curé de Beaumont : Vie de saint Armel, par M. l'abbé Cruchet (Tours, Mame, 1882, in-32, 136 p.).

Le lecteur connaît maintenant les sources d'ordre différent auxquelles, s'il lui convient, il peut aller puiser lui-même en abondance les renseignements utiles au sujet de l'histoire de saint Armel. Assurément cet exercice est bien fait pour lui pro-

ANCIENNE ÉGLISE DE BEAUMONT

1. Façade nord. — 2. Intérieur, côté du chœur. — 3. Côté de l'entrée.

curer d'instructives et édifiantes leçons. Mais il est assez peu de personnes qui aient le goût et le loisir de s'adonner à ces voyages à travers le monde des livres, surtout difficiles à rencontrer, et pourtant si remplis de charme et d'imprévu. Aussi, après avoir entrepris et réalisé cette excursion rétrospective pour notre compte personnel, nous avons pensé qu'il ne serait pas sans quelque profit d'en faire part au public, pour lequel l'histoire de notre doux et cher pays de France, plus particulièrement envisagée par son côté religieux, ne laisse pas que d'avoir de persévérants attraits. C'est le motif tout simple de la publication de ce très modeste petit livre, dont la Providence a daigné favoriser la mise au jour.

Beaumont-la-Ronce, en la fête de saint Armel, août 1917.

L.-A. B.

VIE

DE

SAINT ARMEL

I

NAISSANCE ET JEUNESSE D'ARMEL

> In Anglia parentibus claris ortus.
> (*Bréviaire de Vannes.*)

C'était il y a environ 1400 ans. Beaumont présentait alors l'aspect d'un hameau enveloppé de forêts, dont la ramure baignait dans les ondes du cours d'eau depuis nommé Choisille. Ses maisonnettes ou cabanes, de forme ronde et à toit conique, étaient assises pour la plupart sur la pente orientale du coteau, où elles se sont révélées de notre temps par leur fond creusé d'une façon circulaire. Les habitants, aux longs cheveux et aux courts vêtements, étaient occupés aux exercices de la pêche et de la chasse, tandis que quelques autres coupaient le bois ou défrichaient le sol dans les portions cultivables, quand, un beau jour, ils virent arriver au village un étranger. A sa démarche, on s'apercevait de suite qu'il venait de parcourir une route prolongée, et à ses habits longs, on devinait un ermite adonné aux méditations religieuses.

Le nouveau venu salua les Beaumontois en priant le Ciel de répandre ses bénédictions sur leurs personnes et sur leurs biens. On l'accueillit avec la déférence, mêlée de curiosité, qui convenait dans la circonstance, et l'on écouta sa parole empreinte d'une onction toute divine. Afin de vaquer plus facilement à ses pieuses oraisons, l'étranger se bâtit une cabane un peu à l'écart dans la partie sud de la colline, et il y ajouta un petit oratoire pour les exercices du culte, car il était revêtu du caractère sacerdotal. De la sorte, il trouvait tout à la fois le calme de la retraite favorable à sa propre sanctification, et le contact des humains auxquels il se plut à prêcher l'Évangile du Christ Rédempteur.

Mais quel est le personnage mystérieux qui s'installa de la sorte parmi les riverains de la Choisille? Nous avons à le dire ici.

Il s'agit de saint Armel, qui réunissait en lui les fortes qualités de la race à laquelle il appartenait, celle des Cambriens d'au-delà de la Manche. La Cambrie au sol accidenté, coupé de hautes montagnes et de vallées tourmentées, nourrissait un peuple robuste et sain, appliqué au travail, de mœurs simples et de résolution énergique. Aux jours de la lutte pour l'indépendance, les défenseurs de la patrie se groupèrent autour des Caractacus et des Galgacus, et montrèrent un courage à toute épreuve qui força l'admiration des Romains eux-mêmes. Durant les heures pacifiques, les indigènes de la Cambrie ou du pays de Galles, aux rivages pittoresques baignés par les flots d'une mer agitée, s'adonnaient à la vie pastorale, au labeur des champs et des forêts. Volontiers leur âme, bercée par les charmes mélancoliques d'une nature agreste, s'abandonnait à l'envolée des mélopées rustiques accompagnées par les bardes du pays.

La religion chrétienne vint grandir les qualités et atténuer les défauts de cette race en y greffant le divin Idéal, principe d'un admirable épanouissement des fruits les plus savoureux. A la voix des Patrice, des Germain, des Augustin, des Colomban et de leurs compagnons, les Pictes et les Anglo-Saxons commencèrent à échanger les autels des faux dieux pour les temples catholiques, tout illuminés des suaves clartés de l'Évangile. Ce mouvement religieux fut si profond que, du moins pour une partie, la Grande-Bretagne fut appelée *l'Ile des saints*, et que le pape S. Grégoire le Grand, contemporain des derniers temps de saint Armel, fit à propos des Angles le jeu de mot devenu célèbre : *Non Angli, sed Angeli.*

La culture de l'intelligence et la floraison des lettres et des sciences, à l'ombre des écoles épiscopales et monastiques, achevèrent de donner à l'Angleterre, et en particulier au pays de Galles, le lustre qu'apporte toujours avec soi la recherche des choses de l'esprit au profit des progrès de la civilisation. Les disciples fidèles marchèrent à grands pas dans la voie tracée par les missionnaires, dont quelques-uns étaient partis du continent, et à leur tour ils devinrent des maîtres renommés. Ensuite, par un retour heureux dans la marche des événements, la lumière vint du Nord, et l'Europe en formation écouta, ravie, les enseignements des docteurs d'Outre-Manche. Encore un peu, et l'illustre Anglais Alcuin fera l'admiration du monde par son savoir et par son génie littéraire, sera choisi par Charlemagne pour être le chef de l'Académie palatine et donnera à l'école de Saint-Martin de Tours un lustre que l'univers entier lui envia jusqu'à l'aurore des temps modernes.

Mais ne devançons pas les âges, et revenons au dernier tiers du Ve siècle et aux populations du pays de Galles. Naturel actif, tempérament plein d'initiative, sens de la réflexion pour se décider et esprit de suite pour agir, résolution et ténacité sans trêve dans la réalisation, telles étaient les qualités qui brillaient, à côté de défauts que les progrès des mœurs devaient amender, chez les indigènes de la région cambrienne, et qui distinguent encore les fils de la grande île bretonne devenue l'Angleterre, reine des mers. Ce sont là précisément les dons que nous découvrirons dans l'âme du vaillant religieux, dont le berceau fut placé par la Providence en cette contrée montagneuse, où le sang des Pictes et des Scots s'était mêlé à celui des conquérants romains et des Anglo-Saxons.

L'Église catholique reconnaissait pour pape Simplicius, l'Empire romain avait à sa tête Zénon, et la Bretagne, la grande et la petite, vivait sous l'autorité du roi Hoël Ier, quand l'enfant de « l'île verte » vint au monde : on place sa naissance vers l'année 482, c'est-à-dire à l'époque où

Clovis travaillait à asseoir le royaume des Francs.
Suivant la légende, confirmée par la Liturgie
ancienne, ses parents appartenaient à une caste
distinguée[1]. Ils l'élevèrent dans le culte de la
religion chrétienne que les missionnaires de
l'Italie et de la Gaule avaient portée au delà de la
Manche, en même temps que dans l'étude des
connaissances léguées tout ensemble par l'antiquité romaine et galloise. On le nomma Armel
ou Arzel, ce qui est analogue dans le celtique
parlé au pays de Galles et en Armorique, et
dans la langue latine il fut appelé Armagillus.

Armel répondit dès son bas-âge aux vœux de
ses parents, attentifs à développer son esprit et
son cœur. Afin de faire épanouir plus parfaitement les qualités que son âme contenait en
germe, ils le placèrent dans « le monastère d'un
saint personnage de ceste contrée, qui faisoit
escolle a nombre de jeunes enfans ». Dès l'origine, en effet, l'Église s'est attachée à cultiver et
faire rayonner les lettres, les sciences, les arts et
toutes les connaissances utiles dans ses abbayes
et ses collégiales, et a contribué puissamment au
progrès de la civilisation, de l'aveu même des
historiens les moins portés à reconnaître l'excellence de ses services ininterrompus à travers les
siècles. On pense que ce couvent est celui de
Lan-Iltut ou Lan-Twit. Son fondateur aurait été
saint Cado, disciple de saint Germain d'Auxerre,
et il aurait été agrandi par saint Iltut, fils du
puissant chef Bican ; ce dernier, après la carrière
des armes, aurait embrassé la vie monastique

---

1 Anciens Bréviaires de Vannes et de Saint-Malo.

suivant la règle du glorieux saint Patrice et aurait doté largement l'abbaye qu'il éleva sur ses domaines[1]. De ce foyer de sciences, dirigé par un supérieur d'une vertu et d'un savoir éprouvés, sortirent, dit-on, des disciples depuis des maîtres, comme les saints Gildas, Paul, Magloire, Samson et d'autres qui, ainsi que l'on sait, furent tout ensemble les apôtres et l'honneur des deux rives de la Manche.

Dans un milieu aussi favorable aux progrès de l'esprit et de la conscience, Armel marcha à grands pas dans le chemin de la perfection chrétienne. Au rapport d'un historien ancien, « il estoit assidu en l'oraison, sobre en ses habits, doux et benin dans sa conversation, charitable envers son prochain, compatissant en ses infirmités, chaste d'âme et de corps, patient ès injures, obéissant à ses supérieurs, respectueux envers ses anciens »[2]. Le jeune étudiant avait atteint un haut degré de savoir en même temps qu'une cime élevée de la voie mystique lorsque, cédant à son attrait profond pour la vie monastique, il demanda à revêtir l'habit religieux[3]. On le lui accorda de grand cœur, tant sa piété et sa régularité allaient de pair avec son humilité, sa modestie et son abnégation, qui lui faisaient préférer les « plus viles et plus abjectes fonctions de la maison »[4].

S'il faut en croire la tradition, dès ce temps la

---

[1] *Vie de S. Samson*, évêque de Dol; D. Lobineau, *Les Vies des Saints de Bretagne*.

[2] P. Albert, *Les Vies des Saints de Bretagne*.

[3] *Bréviaire de Saint-Malo*.

[4] P. Albert, *loc. cit.*

sainteté d'Armel était si notoire que le Seigneur
aurait voulu la confirmer par des bienfaits vraiment merveilleux, qui furent « comme les pré-
mices des miracles » dont sa vie fut illustrée.
On cite, en particulier, la guérison d'un hôte du
monastère atteint d'une fièvre violente et déli-
vré par l'attouchement du vêtement d'Armel[1].
Mais, comme si l'humilité d'Armel se fût troublée
par suite de la vénération qui commençait à se
répandre autour de lui, il songea à s'éloigner de
son pays natal.

[1] *Bréviaire de Saint-Malo.*

II

ÉMIGRATION DE SAINT ARMEL EN ARMORIQUE

Britannorum partibus transfretat
cum sodalibus.

(*Bréviaire de Saint-Malo.*)

Afin de s'ensevelir dans une retraite plus profonde, répondant mieux aux aspirations de son âme, et sans doute aussi pour répandre les vérités évangéliques, le pieux enfant de la Cambrie résolut de traverser la mer et de se fixer dans l'Armorique. Il renonçait ainsi, d'une façon définitive, à toutes les satisfactions et à tous les honneurs qu'il aurait pu goûter dans sa patrie, en suivant la brillante carrière et la vie fortunée de ses ancêtres, ou même l'existence plus retirée propre aux religieux. Au fond de son cœur, Armel avait entendu résonner l'écho puissant de la voix divine qui avait dit naguère sur les plages de la Palestine : « Pour être mon disciple, il faut renoncer aux possessions d'ici-bas[1]. » Il prit à la lettre le conseil évangélique et partit avec la bénédiction de ses supérieurs, les adieux attristés de ses parents et la perspective des heureux fruits de sanctification qu'il souhaitait trouver dans le calme de quelque retraite solitaire. Au rapport des textes anciens, quelques compagnons

---

[1] *S. Luc,* xiv, 33.

d'Armel, gagnés par l'exemple de ses admirables vertus, tinrent à le suivre dans ce voyage d'outre-mer [1].

La petite colonie, en mettant le pied sur le continent, ne se sentait pas dépaysée. Des deux côtés du détroit les populations, alors surtout, se ressemblaient assez par le costume, par les mœurs, par le langage et par les habitudes. Sur les falaises escarpées sans cesse battues par les vagues d'émeraude, comme sous l'épaisse frondaison des sombres forêts, ici et là, on se transmettait les légendes, tour à tour poétiques ou sauvages, léguées par les générations vouées aux occupations de la vie de plein air en même temps qu'aux rites sanglants d'un paganisme grossier, condamné à disparaître dans les décrets du Ciel. Armel et ses amis, tout en s'associant à ce qu'il pouvait y avoir de légitime dans les usages des Bretons, devaient être les instruments de la Providence, du moins partiellement, pour substituer les pures et fortifiantes pratiques de la religion chrétienne aux rites plus ou moins barbares du polythéisme armoricain, installé à l'ombre des dolmens et des menhirs des âges anciens. Nous disons des âges anciens, parce que les Celtes reçurent ces curieux monuments, du moins pour la plupart, des peuples primitifs qui émigrèrent en Occident, contrairement à l'opinion que l'on rencontre encore trop souvent.

Avec l'allégresse de conquérants pacifiques, les ermites de la Cambrie, en touchant le sol de la Gaule, adressèrent au Dieu Créateur et

----

[1] *Bréviaires de Vannes et de Saint-Malo.*

2

Rédempteur l'hommage de leurs plus ferventes prières en sollicitant sa puissante protection. Sur quel point de la côte aborda leur barque à la blanche voile, remplie de leurs ardentes espérances en même temps que par le souffle du vent du large? La direction suivie dans les relations entre les indigènes des deux Bretagnes dut les porter à mettre le cap sur la presqu'île du Léonais. C'est sur ce point que les pieux émigrés posèrent le pied, dans les sentiments d'une tendre confiance en la Providence céleste.

La vaste presqu'île à laquelle sa situation a fait donner le nom de Finistère (*finis terræ*) pour sa partie la plus avancée, est comme la Bretagne en raccourci. Ses rivages abrupts et découpés, bordés d'îles rocheuses, son sol partagé entre la culture et l'élevage alternant avec les travaux de la pêche, le caractère à la fois âpre et rêveur de ses habitants avec leurs chants mélancoliques, ses hameaux, ses bourgs et ses cités avec leurs légendes et leurs usages traditionnels, sont l'image la plus vivante de la vieille Armorique. Or, dans cette province, aucune contrée n'offre un cachet plus caractéristique que le Léonais, aux falaises sauvages et aux habitants de mœurs et de costumes d'une austère gravité, vivant comme à l'ombre des clochers ajourés et des porches aux fines arcatures de granit. De la sorte, aux yeux d'Armel et de ses compagnons, le pays de Galles ressuscitait comme par enchantement avec l'intonation même de la langue, car il est à remarquer que les deux dialectes sont frères, à la différence de certains autres dialectes bretons. Et puis, l'Armorique était alors une sorte de

Thébaïde, dans laquelle de nombreux ermites faisaient fleurir les vertus des premiers solitaires d'Orient, ainsi qu'on peut en juger par les chapelles et par les oratoires qui conservent fidèlement leur mémoire bénie.

En quel endroit du pays d'Ack, — *pagus Agnensis*, — que l'on confond avec le Léonais, saint Armel aborda-t-il? On n'est pas fixé sur l'endroit précis, et l'on a parlé de Penochen [1], dont le nom d'ailleurs se retrouve dans la Grande-Bretagne, et de deux autres *aber* ou havres, savoir de Aber-Beniguet (ou Havre béni), et de Aber-Ildut. On admet que le pieux ermite s'avança un peu dans les terres pour y chercher un asile et se fixa dans le pays qui lui emprunta son vocable, c'est-à-dire à Plou-Arzel, ou localité d'Armel, dans la langue bretonne les lettres m et z se substituant aisément l'une à l'autre. C'est là que le bienheureux planta sa tente, ou mieux édifia avec ses compagnons les cellules nécessaires à leur séjour, en même temps que l'oratoire ou la chapelle en l'honneur du vrai Dieu [2].

Suivant qu'il était d'usage, la colonie d'ermites ne put manquer d'aller offrir ses hommages au chef religieux de la province, car, tout considéré, il semble bien que l'érection du diocèse se rattache à cette époque. Au témoignage des documents les plus autorisés, le premier évêque de Léon fut saint Pol ou Paul, dit Aurélien [3]. Dans

[1] *Bréviaire de Léon.*
[2] *Bréviaire de Vannes.*
[3] On pense que S. Pol ou Paul, né vers 473, et mort dans un âge très avancé, occupa le siège de Léon vers l'an 530.

ce cas, ce dut être une douce joie pour les émigrés de retrouver le pieux et distingué compatriote avec lequel Armel avait fait ses études et peut-être reçu les ordres, au monastère cambrien. De son côté le saint prélat, — qui a donné son nom au chef-lieu du diocèse, dont la cathédrale conserve le superbe sarcophage en granit rehaussé d'arcatures et de palmes de style mérovingien, et dont la ville est devenue célèbre par ses magnifiques clochers à jour, — ne put manquer, en les bénissant, de se réjouir de voir ces dévots religieux lui apporter, du moins indirectement, leur précieuse collaboration.

De fait, les exemples de leurs vertus et leurs paroles évangéliques ne contribuèrent pas peu à éloigner les habitants du paganisme, pour les introduire dans l'Église chrétienne. Sur ce nouveau champ d'action religieuse, le renom de sainteté d'Armel ne fit que s'accroître, si bien que la solitude profonde qu'il avait recherchée devint le rendez-vous de nouveaux disciples. Les prodiges que le Bienheureux opéra, comme la guérison de quatre païens frappés de la lèpre en punition de leur conduite insolente, répandirent au loin la réputation d'Armel. Non seulement celle-ci s'étendit dans toute la Bretagne et dans les provinces limitrophes, mais elle franchit les distances et parvint jusqu'à la cour royale.

III

A LA COUR ROYALE

Is (Childebertus) Armagillum et suos
aliquandiù apud se retinuit.

(*Bréviaire de Vannes.*)

On se souvient du développement du royaume
des Francs sous la domination de Clovis, de la
victoire de Tolbiac et du sacre du roi (496), pré-
ludant à la victoire de Vouillé (507) et à la mort
du prince (511). De ses quatre fils, Childebert
eut Paris pour capitale, avec le littoral de la
Manche pour territoire, qu'il agrandit ensuite
par une série de conquêtes d'ailleurs assez peu
en rapport avec le véritable esprit de famille.
Childebert étendit son protectorat sur l'Armorique, alors gouvernée par le chef ou roi Hoël II,
dont le fils, Judual, menacé par son oncle Canao,
dut se retirer à la cour du souverain sur les
bords de la Seine. En dépit de ses violences,
dues à l'âpreté des mœurs et au progrès forcé-
ment lent de la civilisation, Childebert était atta-
ché au catholicisme qu'il professait; en plus
d'une circonstance, il se montra plein de bien-
veillance à l'égard du clergé séculier et régulier,
aussi bien que son épouse Ultrogothe, consciente
elle aussi des bienfaits d'une religion seule en

mesure d'opérer la transformation politique et sociale du monde ancien et nouveau.

Ayant ouï parler des mérites et des œuvres admirables de saint Armel et de ses religieux de Plou-Arzel, le roi Childebert leur envoya un messager pour leur demander de venir auprès de lui[1]. La demande du puissant souverain parut à ceux-ci un ordre, d'autant que peut-être ils avaient des motifs de solliciter la protection royale contre les vexations qu'ils pouvaient avoir à redouter de la part du trop célèbre Canao; du moins, ils s'estimèrent heureux de retrouver à la cour le jeune Judual, sur les qualités duquel ils avaient fondé les plus douces espérances.

Le roi donna aux religieux les témoignages les plus précieux de bon vouloir. Mais, au bout de quelque temps, le séjour au milieu de gens peu scrupuleux leur parut incompatible avec les obligations de la vie monastique, et ils manifestèrent l'intention de reprendre leur tranquille existence d'ermites. Childebert ne voulut pas les laisser partir sans leur octroyer quelques faveurs, en particulier la possession de certains domaines. Il en résulta que d'aucuns demeurèrent sur ces terres, situées dans le centre, tandis que les autres reprirent le chemin de leur chère Armorique[2].

Le bienheureux Armel ne put goûter cette consolation du retour, du moins pour le moment. Telle était la vénération que ses vertus et ses qualités avaient inspirée à Childebert que le souve-

---

[1] *Bréviaires de Vannes* et *de Saint-Malo.*
[2] *Bréviaire de Vannes.*

rain refusa absolument de se priver des lumières et des conseils de l'abbé de Plou-Arzel, qui, malgré sa douleur, dut se résigner à laisser partir ses disciples et à se séparer d'eux, au moins pour quelque temps[1]. Soit dans la capitale, alors renfermée dans les hautes murailles romaines dont on retrouve parfois les vestiges à l'occasion des modernes terrassements sur le sol de l'antique Lutèce, et dont le monument le plus caractéristique est les Thermes de Julien devenus l'hôtel et le musée de Cluny, soit dans les villégiatures que le souverain aimait à faire sur les divers points de son royaume, Armel fut associé d'une façon très intime à l'administration des affaires publiques. D'abord confident et conseiller du roi, il devint ensuite son secrétaire[2]. Sans atteindre, près du prince, au degré d'autorité qui fut le partage de quelques saints éminents comme saint Germain, saint Ouen et, plus tard, les moines Alcuin et Suger, l'ermite breton jouit de la pleine confiance de son souverain et, par son influence toute de raison, de justice et de loyauté, rendit plus d'un service à son pays. Cette situation privilégiée devait se prolonger durant sept années, à l'avantage de l'État aussi bien que du peuple, pour lequel le Bienheureux était plein de sollicitude.

Pendant ce temps, tout en vaquant aux affaires qui lui étaient confiées, saint Armel ne relâcha rien de la vie de religieux et fit l'édification de toute la cour par la régularité de ses mœurs,

[1] *Bréviaire de Vannes.*
[2] *Bréviaire de Saint-Malo.*

par la droiture de son caractère et par la bonté
de son âme, remplie de la charité du Christ. Tandis que les hommes de guerre ou d'administration, les gens de labeur ou d'intrigues, les serviteurs du roi et de la reine, les courtisans
de toutes sortes s'abandonnaient au tourbillon
bruyant du palais, d'ailleurs encore fort éloigné
de l'opulence et de l'éclat que connaîtra plus
tard la cour royale, saint Armel aimait à se retirer dans la solitude pour y méditer sur les vérités chrétiennes et sur les fins dernières, et ses
actions comme ses paroles tendaient à la gloire
de Dieu et à l'honneur du caractère religieux
dont il était revêtu. Une mansuétude parfaite à
l'égard de tous, et une inépuisable charité envers
les pauvres et les souffrants couronnaient ses
vertus de leur auréole bénie, qui lui conciliait
l'affection de chacun dans les diverses classes de
la société. Heureuse Gaule d'avoir, durant les
secousses et les angoisses d'institutions à leur
début et de races en travail de civilisation, pos-
sédé des personnages tels que saint Armel, dont
la vie noble, pure et bienfaisante projette de doux
rayons au milieu des ombres épaisses, et qu'il
siérait bien à un véritable artiste de donner à ce
tableau des âges lointains tout le relief de son
pinceau !

Dans le voisinage du palais royal s'élevait
l'église des Saints-Apôtres. Le saint aimait à y
prier. Un jour, il observa devant la porte un
paralytique qui demandait l'aumône. Armel fut
touché de compassion ; mais il ne portait aucune
pièce de monnaie. Tout à coup, n'écoutant que
la pitié de son cœur pour le malheureux, il s'ap-

proche de l'infirme et lui dit : « Au nom de Jésus crucifié, lève-toi et marche ! » A l'instant même, le paralytique retrouva l'usage de ses membres, et se mêla joyeux à la foule, qui était dans l'admiration. On se rappelle que Notre-Seigneur, entre autres miracles, guérit un paralytique, et que, à la porte du temple de Jérusalem, saint Pierre opéra par la puissance divine une guérison semblable en disant au malade : « Je n'ai ni or ni argent, ce que j'ai, je te le donne [1]. » La Providence avait voulu de même glorifier les vertus de saint Armel par un miracle en faveur de déshérités, à l'égard desquels il professa toujours une louable charité. Ceci se passait « la septième année de son séjour dans la capitale [2] ». La mémoire d'Armel fut encore en bénédiction pour une guérison miraculeuse qu'il opéra en faveur d'un aveugle de la cité de Lutèce [3], comme si Dieu eût voulu, de la sorte, récompenser la violence que l'ermite se faisait à lui-même en prolongeant sa résidence sur les instances réitérées de Childebert, heureux de l'influence bienfaisante de son hôte.

Cependant le moment approchait où la prière d'Armel devait triompher du souverain. Le solitaire breton ressentait de plus en plus vif son désir de rejoindre ses religieux dans le calme de la retraite, consacrée uniquement au service de Dieu. Ses demandes de congé devinrent si pres-

---

[1] *Évangile selon saint Matthieu*, IX; *saint Marc*, II; *saint Luc*, V; *saint Jean*, V. — *Actes des Apôtres*, III.

[2] *Bréviaires de Saint-Malo et de Rennes*.

[3] *Bréviaire de Saint-Malo*. — Albert le Grand, *Les Vies des Saints de Bretagne*.

2*

santes que le roi dut se rendre aux désirs du saint abbé, dans la crainte de contrarier les desseins du Ciel. Du moins, le prince ne se sépara pas complètement de son prudent conseiller et entendit rester en relation avec lui, toutes les fois qu'il aurait besoin de ses lumières. En outre, Childebert témoigna sa gratitude à Armel et à ses religieux en lui faisant présent de domaines dans le diocèse de Rennes, sur les rives de la Sèche, ou Seiche, dans un endroit appelé depuis Saint-Armel des Boschaux[1].

[1] *Bréviaire de Vannes*. — D. Lobineau, *Les Vies des Saints de Bretagne,* édit. 1836, t. I, p. 149.

IV

DÉPART DE LA COUR
ET SÉJOUR DE SAINT ARMEL EN TOURAINE

Saint Armel prit congé du roi, salua la reine ainsi que les hauts personnages de la cour, et demanda la bénédiction de l'évêque, qui devait être alors l'illustre saint Germain. Il dut également satisfaire une dernière fois sa dévotion pour la libératrice de Paris, en allant prier sur le tombeau de sainte Geneviève, dont la mémoire était en haute vénération dans la capitale, et sans doute qu'il n'oublia pas les autres sanctuaires glorifiés par les faveurs du Ciel. Ses dispositions prises, avec la simplicité qui avait présidé à son premier voyage, Armel se mit en route en prenant la direction de l'ouest. Tout porte à croire qu'il visita au passage les religieux qui, après l'avoir accompagné à la cour de Childebert, s'étaient fixés sur les dépendances octroyées par le roi à quelque distance de la cité.

Essayons, à l'aide des cartes anciennes, de reconstituer l'itinéraire du bienheureux. La grande voie romaine de Paris (*Parisii*) à l'Océan passait par Orléans (*Genabum*) pour se diriger vers Tours (*Cæsarodunum*), chef-lieu de la troisième Lyonnaise. De la capitale des Turons, qui fut toujours un centre de grande importance, partaient cinq. grandes voies consulaires qui rayonnaient dans toutes les directions. Celle qui allait vers l'Armorique était comme le prolongement de la grande voie venant de Poitiers (*Pictavum*)*;* cette dernière, après avoir franchi le Cher à Port-Cordon, où l'on reconnaît encore le passage, se soudait avec la cité tourangelle par un raccordement entre le Cher et la Loire. Après avoir traversé le fleuve, vers le lieu dit la Guignière, on suivait le chemin romain, qui passe près des Tourettes en conservant encore le nom de « Chaussée », et qui se déroule au nord-ouest vers Neuillé et Brèches, non sans se révéler encore d'une façon manifeste dans les bois du Serrain, sur la commune de Semblançay. De la sorte on atteignait le Mans (*Suindinum*). Il est à remarquer que le voyageur qui, de nos jours, va de Tours en Bretagne, suit un parcours assez semblable, et, après avoir traversé la Loire au pont de la Motte, file vers le Mans et Rennes, il est vrai avec une rapidité inconnue à l'époque de saint Armel, mais en suivant la même orientation.

C'est ainsi que l'on peut jalonner les étapes du retour du bienheureux dans l'Armorique. Après avoir salué Orléans, la ville de saint Aignan, il descendit la rive gauche de la Loire, aux ondes opalines, et paraît s'être arrêté à Montlouis, où la voie de Paris à Tours se soudait avec celle qui venait du Berry et dont on retrouve les vestiges sur la rive droite du Cher ; de fait, à Montlouis, jadis Montloé, le culte de saint Armel n'a pas cessé d'être en honneur. Le sanctuaire de saint Martin, le glorieux apôtre et thaumaturge des Gaules, ne put manquer d'attirer le pieux voyageur. De bonne heure, en effet, ce fut l'un des centres de pèlerinages les plus réputés du monde entier, et la Basilique martinienne partagea, avec celles du Saint-Sépulcre à Jérusalem et des Saints-Apôtres à Rome, le privilège d'attirer les foules de tout l'univers chrétien. Sa dévotion satisfaite, Armel prit le chemin de l'Armorique par la voie que nous avons indiquée, car les chemins secondaires qui se sont multipliés depuis étaient alors extrêmement rares ; l'on était obligé d'ordinaire de suivre les voies dont les Romains avaient sillonné la Gaule dans un but stratégique et commercial tout ensemble, non sans les jalonner à propos par les bornes milliaires que l'on connaît, et dont l'une se dresse encore sur le territoire de la commune de Brèches, au nord de la Touraine.

Armel avait franchi la Loire depuis quelques heures, son bâton de voyageur à la main, et avait parcouru environ huit lieues (la lieue gauloise équivaudrait à 2200 mètres), quand il fut saisi d'une inspiration soudaine, en harmonie avec les mystérieux desseins de la Providence. Il suivait à distance le cours de la Choisille, dont il avait pu remarquer l'embouchure auprès du camp antique de Mont-Boyau ou de la Motte, et l'un de ses affluents le conduisit dans un vallon solitaire dont les pentes rocheuses et boisées abritaient un clan gallo-romain : c'était l'endroit depuis nommé Beaumont-la-Ronce et qui doit fixer ici notre attention.

Cette localité, aujourd'hui formée en grande partie de terres labourables avec une forêt de 500 hectares, était alors recouverte presque totalement de bois. Le sol y a révélé maints objets de l'ère préhistorique, consacrée par un dolmen et un menhir dans la direction ouest, ainsi que des époques gauloise et romaine. Les nombreuses grottes, creusées dans les coteaux des deux côtés de la Petite-Choisille, permettent de reconstituer la physionomie de l'endroit. Pour en avoir une idée plus complète, l'on n'a qu'à se représenter le groupement des cabanes rondes, en terre et en bois, qui servaient de logis aux indigènes et dont les sous-sols, ou celliers, de forme ovoïde, ont été découverts sur plusieurs points ; ces vestiges souterrains des cabanes ont été retrouvés, en particulier, sur l'emplacement de l'église où l'on a rencontré deux rangée de cavités circulaires, lors des fouilles de la nouvelle église, et au presbytère qui garde visible l'un de ces curieux témoins du passé.

Tel est l'aspect primitif que présentait la localité, depuis nommée Beaumont (*Bello-Monte*), lorsque saint Armel y pénétra. Il est à présumer que la foi chrétienne avait été annoncée dans cette région, sans d'ailleurs que le service paroissial semble y avoir été organisé. Les évêques qui dirigèrent le diocèse de Tours, au temps qui nous intéresse et à partir de l'année 539, furent saint Baud, Gontran, saint Euphrone et saint Grégoire, « le Père de notre Histoire nationale ».

SOUVENIRS DE SAINT ARMEL, A BEAUMONT

1. Fontaine au sud du bourg. — 2, 3. Ancienne et nouvelle chapelle dans le cimetière.

Du moins, la présence et le séjour du bienheureux Armel furent pour lui l'occasion de répandre les vérités évangéliques, en union d'esprit et de cœur avec le chef spirituel du diocèse.

Dans son amour invariable de la retraite, l'ermite avait évité de se fixer au centre du clan des bords de la Choisille. Il pouvait prendre son gîte, grotte ou cabane, soit en amont, soit en aval ; son choix se porta dans cette dernière direction, à quelque cent pas de l'endroit où s'élève la moderne église de style gothique, bâtie sur l'emplacement de l'édifice du moyen âge. L'oratoire, dans lequel il adressait au ciel ses prières et offrait le divin sacrifice, était construit sur la partie moyenne du coteau de la rive droite. On sait que la première chapelle, de forme rustique, fut remplacée dans la suite par une autre en moellon et recouverte de tuile courbe, d'environ cinq mètres de longueur et placée sous le vocable de saint Armel, ainsi que les anciens du pays se souviennent l'avoir vue et fréquentée ; à son tour, cet édifice ancien a fait place, au même endroit et de notre temps, à l'élégante chapelle pierre et brique à abside ronde, et couverte d'ardoises, qui se dresse au centre du cimetière. Pour ce qui est de sa demeure, le Bienheureux la fixa dans le voisinage de son oratoire, peut-être à l'endroit où s'observent les vestiges d'un fond de cabane, et non loin d'une source sise dans la vallée et que l'on appelle toujours « fontaine de saint Armel ».

Le séjour de saint Armel à Beaumont fut marqué par l'évangélisation continue, par la pratique des vertus religieuses, par les bienfaits et les bénédictions qu'il répandit autour de lui et, sans doute, par les dons miraculeux qui, avec la grâce de Dieu, accompagnaient ses pas. Aussi, après bientôt quatorze siècles, son souvenir est demeuré vivace dans le pays et, de tous côtés, des régions les plus éloignées, l'on fait ou fait faire « des voyages » pour implorer sa puissante assistance. Cette persistance ininterrompue de la vénération du Bienheureux est une preuve manifeste de la trace profonde laissée par son séjour. Quel plus éloquent témoignage que le courant perpétuel de la dévotion populaire qui, du commencement à la fin de l'année, ne cesse d'entourer d'honneurs, de prières et de supplications confiantes la mémoire ineffaçable du saint, devenu patron de la paroisse en même temps que saint Martin, le titulaire proprement dit, et qui s'affirme plus solennellement à l'occasion de sa fête ! L'on suit ainsi à la trace, à travers les siècles, la voie lumineuse des vertus et des œuvres de sanctification du Bienheureux, dont les douces clartés ont fait pénétrer à toujours sous la sombre ramure de la forêt Beaumontoise les croyances et les espérances chrétiennes. Grâces soient rendues au Christ Rédempteur et à son fidèle serviteur, « plantateur de la foi, » comme on s'exprimait naguère, pour les bénédictions toutes spéciales dont a été favorisé ce coin de la terre de Touraine !

Au surplus, la tradition relative au séjour de saint Armel sur les rives de la Choisille de Beaumont-la-Ronce a pris corps dans les documents d'histoire et d'art, qui sont sous nos yeux. D'une part, c'est la série des oratoires et chapelles qui se sont succédé jusqu'à nous, sur le même emplacement. Tandis que l'avant-dernière renfermait les reliques du saint et une ancienne statue en terre cuite, objet de la vénération populaire qui se plaît à les entourer de cierges, la chapelle actuelle, non contente de montrer à son fronton un bas-relief et au-dessus de l'autel une statue du saint terrassant le dragon, déroule dans les huit gracieux médaillons de deux verrières l'histoire du bienheureux. C'est là comme la consécration du culte immémorial dont la source apparaît dans le séjour et l'apostolat de saint Armel. La vieille bannière paroissiale en damas de soie rouge, que les fidèles de très long temps considérèrent et portèrent aux processions comme le labarum, témoin de leurs traditions et protecteur de leurs croyances, est rehaussée de l'effigie de saint Armel, alors que l'autre face représente saint Martin.

De son côté, le langage populaire s'est fait l'écho des données historiques. Ce n'est pas seulement en notre siècle que l'on parle de « la rue Saint-Armel », mais les registres paroissiaux, remontant au XVIe siècle, mentionnent l'existence du « chemin Saint-Armel », pour désigner la route située en cet endroit. La tradition a été recueillie sur place par les auteurs de diverses époques. Une ancienne chronique nous apprend que le saint avait fait un séjour en Touraine dans un endroit hanté par « les ronces », ce qui est bien le cas de *Beaumont-la-Ronce*. En outre, à l'époque où la vieille chapelle de saint Armel était dotée d'une statue du Bienheureux et d'un autel dans le goût du temps, un écrivain, proba-

blement du pays, s'attachait à raconter en vers
alexandrins, au nombre de quatre-vingts, la vie
de l'ermite. Cette notice a pour titre : « Abrégé
de la vie et des miracles de saint Armel, prêtre-
confesseur, natif de Bretagne, honoré et réclamé
pour la guérison des gouttes, douleurs et paraly-
sies, en la chapelle dédiée en son honneur en la
paroisse de Beaumont-la-Ronce, en Touraine[1]. »
Elle commence par redire les vertus du Bienheureux, « grand ami du silence et de la solitude, » puis son séjour auprès du roi Childebert. Lors de son retour en Armorique,

> En Touraine il choisit un bois inhabitable.
> La retraite que prit cet homme inimitable,
> De Beaumont-la-Ronce est justement le lieu.

Les œuvres et les guérisons opérées par le
Bienheureux, en ce pays, « dans sa grotte profonde, » sont racontées par l'auteur. Dans la
suite, pour échapper à « trop d'honneur, il
retourne en Bretagne », où, parmi les prodiges
qu'il opère, il expulse « un horrible dragon
détruisant la campagne », et cela « seul, son
étole en main ». Vers la fin de la Notice, l'auteur,
dont nous n'avons pas à célébrer le talent poétique, montre bien qu'il appartient à la contrée;
il proclame « Beaumont cent fois heureux », le
félicite des dons qu'il a reçus de saint Armel,

> Et que dans le saint lieu qu'il voulut habiter,
> Tout chrétien trouve en luy le secours favorable.

[1] Cette notice a été publiée par M. l'abbé Cruchet, dans
la *Vie de saint Armel*, p. 130-132.

Enfin, il termine par une prière d'un caractère tant personnel que général à l'adresse du Bienheureux :

Faites que dans ces lieux au péché je renonce,
Que tout chrétien qui vient à Beaumont-de-la-Ronce,
Visiter la chapelle où vous êtes honoré,
S'en retourne dispos en chantant vos louanges.

Aucun document ne permet de préciser la durée du séjour de saint Armel sur les bords de la Choisille. Il est à présumer que ce ne fut pas un temps très long. Ici, comme ailleurs, la renommée de sa sainteté attirait à lui les foules. Son désir de chercher ailleurs la solitude, qu'il avait d'abord demandée à la forêt Beaumontoise, le poussa au bout d'une certaine période à choisir une autre retraite, également dans la direction de sa chère Bretagne qu'il ne perdait pas de vue, d'autant qu'il paraît n'avoir songé qu'à une étape temporaire. A cette raison de croire à une durée limitée s'en joint une autre, tirée du silence des chroniques générales au sujet de cette période de sa vie, silence qui n'aurait pas lieu vraisemblablement si sa résidence s'était prolongée pendant de longues années.

V

ARMEL SE FIXE DÉFINITIVEMENT EN ARMORIQUE
SES VERTUS, SES ŒUVRES, SES MIRACLES

In Britannia, innumeros ad Christi fidem
adduxit.

(Bréviaire de Vannes.)

Ce ne fut pas sans une profonde émotion et
sans un vif regret que les indigènes de Beaumont virent le Bienheureux s'éloigner de leur
pays, après un séjour de quelque durée, pour
reprendre son chemin vers la Bretagne qu'il
désirait revoir. Les grâces spirituelles et tempo-
relles qu'il n'avait cessé de leur prodiguer furent
pour eux l'occasion de lui manifester une souve-
raine reconnaissance. Il les bénit une dernière
fois et regagna la voie antique, qui devait le
conduire au cœur de l'Armorique.

Au cours de son voyage, Armel essaya en vain
de garder l'incognito. La puissance merveilleuse
par laquelle le Ciel faisait éclater sa sainteté
trahit plus d'une fois son passage. En particulier, tel village qui souffrait de la pénurie d'eau
fut doté par lui d'une source jaillissante[1]; et,
parmi les fontaines honorées du nom de Saint-
Armel, on mentionne notamment celles de Lout-

---

[1] Albert le Grand, *Les Vies des Saints de Bretagne,*
— *Bréviaire de Saint-Malo.*

chel et de Bleruais dans l'Ille-et-Vilaine, et près de Ploërmel dans le Morbihan.

Le domaine octroyé par le roi Childebert Ier au Bienheureux, et dont nous avons parlé plus haut, constituait « une vaste solitude du territoire de Rennes »[1]. On le place communément non loin de cette ville, sur la rivière de Sèche, à l'endroit encore appelé Saint-Armel-des-Boschaux. De fait, jusqu'à la Révolution, le curé de Saint-Armel était à la nomination du roi. Nonobstant sa prédilection pour la retraite, le saint ermite se vit bientôt entouré de nouveaux disciples, qui formèrent une sorte de communauté vivant « des aumônes des fidèles ». A la pratique des plus austères vertus et à la prédication évangélique, Armel ajoutait l'exercice de la bienfaisance sous ses formes les plus diverses.

On a coutume de représenter le Bienheureux avec un animal monstrueux auprès de lui. L'explication se trouve dans un fait rapporté par les divers auteurs et dont nous empruntons le récit à un légendaire ancien. « Le saint était arrivé au pays de Rennes. Un serpent d'une grandeur extraordinaire avait sa retraite dans une montagne de la région ; de son souffle brûlant et empesté, il exerçait de mortels ravages sur ceux qu'il approchait. Saint Armel, prenant son étole à la main, alla à la rencontre du monstre. Aussitôt, à l'approche de l'homme de Dieu, le serpent cruel se montra inoffensif et comme obéissant. Alors le saint, le tenant de près par le cou, à l'aide de son étole, le condui-

____

[1] *Bréviaire de Vannes.*

sit sur-le-champ à la cime escarpée du mont et le précipita dans un cours d'eau où il trouva la mort[1]. »

Au fond, quel est cet animal monstrueux, que les hagiographes appellent tour à tour dragon et serpent? Assurément, il ne saurait être question du dragon proprement dit, tel qu'il existe à l'époque actuelle; ce n'est en effet qu'un animal d'environ quinze centimètres de long, de mœurs tout à fait inoffensives, et qui vit actuellement dans l'Océanie. On se trouve ici en présence d'un animal de dimensions considérables, de la famille des sauriens ou lézards, laquelle renfermait des espèces terrestres, amphibies et même volant; des fossiles ont révélé le squelette de certains de ces animaux qui atteignaient jusqu'à vingt et trente mètres de longueur. Ces espèces ont disparu de la surface de la terre, et le survivant le plus connu est le crocodile.

Or, bien que ces sauriens gigantesques aient achevé leur cycle avec l'époque tertiaire, il n'y a pas d'impossibilité à ce que certains individus aient prolongé leur règne jusqu'au début de la période quaternaire, qui a vu l'apparition de l'homme sur le globe terrestre. Ces sauriens, ou « serpents » géants, auraient été tout naturellement un épouvantail pour les humains, et leur souvenir effroyable se serait perpétué dans les légendes des temps primitifs. De fait, dans celles-ci, on voit les saints, comme investis d'une puissance divine en vue de commander en maîtres aux animaux redoutables, et de protéger leurs

---

[1] *Bréviaire de Vannes.*

contemporains soit contre les vexations de ces survivants des périodes antérieures, soit contre les incursions des fauves dont les espèces sont parvenues jusqu'à nous.

Ces monstres étranges, terribles, ont hanté longtemps l'imagination populaire, et on les portait en effigie jusque dans les cérémonies religieuses, dans les processions, sous le nom de Tarasque, de Grand-Goule, etc. D'ailleurs, la mémoire terrifiante de ces êtres extraordinaires n'allait pas sans quelque fiction de l'imagination, qui était entretenue tant par les récits et les chants des « jongleurs », des troubadours ou des trouvères, que par quelque découverte inopinée. C'est ainsi qu'à Tours, en l'an 1345, en creusant le sol pour les fondations de la porte de Saint-Vincent, non loin de l'archevêché, on découvrit un squelette d'animal de grandeur prodigieuse, « dont la teste tenoit cinq ou six seaulx d'eau[1] ».

Au surplus, le symbolisme, qui ne perd jamais ses droits surtout dans le domaine religieux et artistique, a profité de l'état de choses pour faire surgir de nouveaux emblèmes. Le Bien et le Mal, dans leur lutte ininterrompue, sont symbolisés, l'un par la lumière, la vérité et l'harmonie, l'autre par les ténèbres, le mensonge et le désordre. Dans l'ordre spirituel, au-dessous de Dieu créateur, le Bien a pour porte-étendard les anges à la tête des justes de tous les temps et de tous les peuples, et le Mal a pour porte-drapeau Satan, les anges rebelles, entourés des légions

---

[1] *Mémoires de la Société archéologique de Touraine,* t. XI, p. 14.

des blasphémateurs et des révoltés contre Dieu, contre le Christ et son Église.

Or, de même que la nature angélique dans le symbolisme chrétien est personnifiée par la créature idéale, ou la jeunesse dotée des dons les plus excellents ; de même, la nature satanique est personnifiée par des êtres horribles, par des monstres réels ou imaginaires. Sous ces dehors emblématiques, c'est encore la lutte sans trêve engagée entre les puissances du Bien et du Mal. Dès lors, on comprend que, indépendamment du fait de la victoire des saints sur les animaux monstrueux qui ont pu ravager la terre, l'on ait tenu dans l'art comme dans la théologie, et à l'aide de symboles tangibles, à exprimer leur triomphe sur le génie du Mal et sur le vice sous ses formes multiples. A l'encontre de ce que l'on a pensé trop souvent, les deux ordres de faits ne sont pas en opposition l'un avec l'autre. Loin de là, ils se superposent comme le physique et le moral, et sont comme une échelle mystérieuse qui va de la terre au ciel, du monde visible au monde invisible, du temps à l'éternité. Aussi, compte-t-on plusieurs saints qui possèdent comme attribut ces dragons monstrueux, et, parmi eux, on peut citer en France : les saints Pol de Léon, Brieuc, Amable, Florent, Front, Germain, Hilaire, Honorat, Jouin, Julien, Lo, Marcel, Méen, Memin, Nicaise, Ouen, Pavas, Philbert, Samson, Similien, Vigor, etc. ; en dehors de France : les saints Barbato, Donat, Amand, Hilarion, Juste, Léon, Magne, Mercurial, Modeste, Patrice, Vénère et plusieurs autres saints personnages, dont nous n'avons pas à redire l'histoire.

Pour ce qui est de saint Armel, le prodige raconté par les hagiographes aurait été réalisé au diocèse de Rennes. Afin de délivrer les habitants du pays des incursions du monstre, l'ermite se serait servi de son étole afin de le précipiter dans les eaux[1]. C'est de la sorte que le pieux religieux est figuré d'ordinaire, en particulier dans les différentes représentations conservées à Beaumont avec la peinture sur verre, la broderie, la pierre, le bois et la terre cuite. Quoi qu'il soit, les mérites, les prédications et les bienfaits de saint Armel, entouré d'un groupe de disciples, ne tardèrent pas à répandre au loin sa renommée et à conduire les populations vers son ermitage. On raconte que soit envie de se soustraire à cet empressement, soit désir de visiter ses frères répandus en divers lieux, soit inspiration céleste pour porter les lumières de la foi en des régions écartées où elle n'avait pas encore pénétré, et peut-être pour ces différents motifs tout ensemble, saint Armel s'enfonça dans « la Bretagne déserte »[2].

Là encore, avec un zèle infatigable il prêcha l'Évangile, convertit et baptisa « des populations rurales », détruisit des idoles et fonda des églises en l'honneur de Jésus-Christ[3]. Les bénédictions et les miracles qui accompagnaient sa parole, surtout à l'égard des malades et des infirmes dont plus d'un considérait comme une faveur de

---

[1] *Bréviaires de Vannes, de Saint-Malo, de Rennes* et *de Saint-Brieuc.*

[2] *Bréviaire de Saint-Malo.*

[3] *Bréviaires de Vannes* et *de Saint-Malo.*

3

pouvoir toucher le bord de sa robe, rendirent le saint très populaire[1]. Aussi, son nom est-il demeuré à plus d'une localité et à maintes chapelles, bâties soit par son ordre, soit en souvenir de son passage et de ses bienfaits spirituels et temporels. Ces localités se rencontrent plus spécialement dans les diocèses de Vannes, de Rennes et de Saint-Brieuc.

Au diocèse de Vannes, le Bienheureux paraît avoir laissé un souvenir plus vivace encore que celui des Boschaux, où il bâtit un oratoire. Ploërmel considère, en effet, le saint non pas seulement comme son bienfaiteur et son patron, mais comme son fondateur. Autour de la chapelle, élevée par Armel dans ce pays, se seraient groupées des habitations qui auraient donné naissance à cette cité. De fait, de tout temps, dans l'église paroissiale dédiée au Bienheureux, on conserve pieusement ses reliques et, à travers les âges, les générations successives n'ont jamais cessé de nourrir pour saint Armel la plus profonde vénération. Nous aurons d'ailleurs l'occasion d'y revenir à propos du décès du patron de la paroisse.

1 *Bréviaire de Saint-Malo.*

<h1 style="text-align:center">VI</h1>

SES DERNIERS MOMENTS ET SA MORT

Sanctissimè, ut vixerat, mortuus est.
(Ancien bréviaire de Tours.)

Cependant le temps approchait où le Bienheureux devait recevoir la couronne céleste réservée à ses mérites. Les années, les travaux et les mortifications avaient affaibli les forces d'Armel, qui avait environ soixante-dix ans. C'était au cours de l'été, à l'époque où la moisson jaunissante va tomber sous la faux du moissonneur et remplir les greniers du père de famille. Armel, se sentant pris de fatigue par suite de son apostolat prolongé, rentra « au monastère » avec le désir d'y célébrer, avec ses frères, la solennité de Notre-Dame d'août. Là, prosterné sur le sol et les bras en croix, il eut la vision d'un ange qui lui annonça sa fin prochaine, devant suivre la fête de l'Assomption de la Vierge[1]. On admet communément que sa mort arriva en l'année 552.

Vers ce temps-là, Clotaire, qui possédait la plus grande partie de l'empire des Francs, vit son fils se révolter contre lui avec l'appui de Konmore, chef des Bretons. On sait, d'autre part, la mort de Childebert en 558, la défaite du comte

---

[1] *Bréviaires de Saint-Malo et de Vannes.*

de Bretagne près de Dol en même temps que celle du fils révolté, et sa mort tragique. De la sorte, Clotaire, maître unique du royaume, fixa sa résidence à Paris. Du même coup, ce prince avait recouvré les territoires de l'Armorique. Mais le bienheureux Armel ne put que pressentir ces événements, sans assister à leur réalisation, laquelle pacifia la Bretagne, du moins pour une certaine période.

Or, quel est ce « monastère » fondé par le Bienheureux, où il rendit le dernier soupir ? Parmi les auteurs, les uns ont admis qu'il s'agit des Boschaux, au diocèse et dans le voisinage de Rennes; les autres pensent que c'est Ploërmel, naguère dans le diocèse de Saint-Malo et, depuis la suppression, dans celui de Vannes. Parmi les premiers se place dom Lobineau ; au rapport du savant bénédictin, saint Armel se trouvait dans son monastère des Boschaux quand il rendit son âme à Dieu. « Son corps fut enterré dans le lieu même, et l'on y montre encore son tombeau [1] ».

D'autre part, la petite cité de Ploërmel revendique l'avantage d'avoir recueilli les dernières bénédictions d'Armel en sa vie mortelle, et de posséder de ses restes, si bien que certains historiens sont d'avis que le Bienheureux décéda dans cette localité. La fondation d'un monastère avec une chapelle, devenue l'église paroissiale, les séjours du saint parmi ses frères et une tradition locale fort ancienne ont contribué à faire placer là « le Moustier, » dont il est parlé dans les Chroniques comme ayant abrité les derniers moments

---

[1] *Les Vies des Saints de Bretagne : Saint Armel*, p. 150.

d'Armel. Sa fête, solennisée le jour de sa mort, — jour que la liturgie appelle *Dies natalis* à propos des saints pour lesquels le décès sur terre est la naissance au ciel, — était célébrée à Ploërmel avec un éclat tout particulier. Non content de la magnificence des offices religeux, on avait coutume d'y représenter un drame en vers français, inspiré des chants des bardes bretons aux naïves légendes, à l'instar des « Mystères » que l'on jouait au moyen âge et qui ont été le point de départ du théâtre.

Le 16 août 1600, eut lieu l'une des représentations du drame de saint Armel, dû à la verve poétique de « messire Baudeville, prestre et maistre d'escolle » de Ploërmel. Dans la suite la pièce, qui est le récit abrégé de la vie du Bienheureux, a reçu de nouveaux développements et a été publiée par un docte ami de l'histoire, M. Sigismond Ropart. Nous n'avons pas à entrer dans le détail de cette tragédie populaire en vers alexandrins, divisée en huit tableaux ou huit journées, et non sans quelque mérite littéraire, et il nous suffit d'y puiser les indications qui se rapportent à notre sujet. L'auteur déclare que l'église paroissiale a la joie « d'avoir son saint chef ». Pour ce qui est de sa carrière religieuse, il proclame que le Bienheureux « estoit d'Angleterre », qu'il vint dans le pays dont il convertit les habitants, en sorte

Qu'il sera désormais appelé de son nom :
Plo-Armel, en effet, honorable assistance,
C'est le pays d'Armel, en la langue de France ;
C'est où mourut le saint, d'où par ordre d'en Haut,
Son corps, pour inhumer, fut conduit aux Boschaux.

Le tableau final figure les scènes qui se rapportent aux derniers temps et à la mort du Bienheureux. Il était dans son monastère central des Boschaux, quand il éprouva le désir de revoir le lieu de son premier séjour en Bretagne, c'est-à-dire Ploënhen. Là, au milieu de ses disciples éplorés, il rendit à Dieu son âme que saint Michel emporta vers le Paradis. La vénération des Ploërmelais pour leur apôtre, en même temps que la continuité de la tradition, s'est manifestée non seulement par les solennités et par le culte à son honneur, mais surtout par une superbe église gothique, où le granit délicatement ouvré est comme un poème indestructible à la louange du Bienheureux.

Aussi bien, tandis que les reliques sont conservées dans une châsse au-dessus du chœur, un beau vitrail ancien retrace aux yeux les principales circonstances de la vie du saint. Tour à tour, Armel quitte le pays de Galles, vient en Armorique sur un navire, en ermite reçoit l'envoyé du roi Childebert qui le demande à sa cour, — guérit un hydropique et un aveugle en présence du souverain et de sa famille, — quitte le roi pour regagner l'Armorique, — précipite dans la Seine le dragon qu'il terrasse, — fait jaillir la fontaine qui guérit, — apporte au lépreux — et rend son âme à Dieu, transportée par l'organe de saint Michel. Assurément, cette œuvre remarquable, cette verrière du meilleur style sont un hommage aussi touchant que superbe rendu par les Ploërmelais à la douce mémoire de leur patron. A ce propos, M. Loblneau écrit : « La ville de Ploërmel, dans l'ancien diocèse de Saint-

ÉGLISE DE PLOERMEL (MORBIHAN) XV⁰ S.
fondée en souvenir de saint Armel.

Malo, et aujourd'hui de Vannes, nommée dans les titres de Redon de plus de huit cents ans *Plebs-Armel*, le reconnaît et l'honore comme son patron spécial, et sa principale église lui est dédiée[1] ».

Quoi qu'il en soit de la localité dans laquelle Armel décéda, son premier biographe nous a laissé en ces termes la peinture édifiante de ses derniers moments : « Dieu, le voulant récompenser de ses travaux, lui révéla le jour de son heureux décès, dont il rendit grâces à sa divine Majesté, et en donna avis à ses religieux, les exhortant à persévérer constamment dans leur sainte vocation, puis se confessa ; le lendemain, célébra les saints mystères devant tout le peuple, et après leur avoir donné la bénédiction prit congé d'eux, reçut dévotement le sacrement d'extrême-onction, et s'étant quelques heures entretenu avec Dieu en dévotes contemplations, il rendit son esprit ès mains de son Créateur, le 16 août 552[2]. »

Le 16 août est la date communément admise pour le trépas du Bienheureux. Selon le témoignage de D. Lobineau, les anciens bréviaires de Rennes, de Léon, de Saint-Brieuc, marquent la fête de saint Armel au 16 août, à neuf leçons. Le propre de Vannes, imprimé en 1660, joint saint Armel à saint Roch. L'ancien bréviaire de l'abbaye de Saint-Méen, donnant le premier lieu à saint Arnoul, évêque, le 16 août, ne fait que la commémoraison de saint Armel. L'ancien bréviaire de l'abbaye de Saint-Mélaine marque éga-

---

[1] *Les Vies des Saints de Bretagne*, p. 150-151.
[2] S. Albert, *Les Vies des Saints de Bretagne.*

lement le même rite pour ce saint. L'église de Nantes indique aussi la fête de ce saint « au 16 août » [1]. De leur côté, les Bollandistes ajoutent : « C'est en ce jour qu'on l'honore dans un village du diocèse de Rennes, où il passa une partie de sa vie, et qui de lui fut appelé Saint-Armel, ainsi que dans la ville de Ploërmel, dont le latin *Plebs Armagilli* signifie ville ou peuple d'Armel [2]. »

Dans l'ancien diocèse de Saint-Malo et dans le diocèse actuel de Vannes, on s'est rattaché à une date postérieure de huit jours à la première. De fait, tandis que la réforme liturgique des propres diocésains au XIXe siècle a maintenu les diocèses dont nous avons parlé dans la date du 16 août, elle a, par contre, confirmé celui de Vannes dans sa manière de dater la mort du Bienheureux. Pour ce qui est de Saint-Malo, les Bollandistes indiquent tout particulièrement ce diocèse, « dont l'église possède un antique bréviaire, duquel nous avons tiré l'office de saint Armel. Dans cet office, poursuivent les doctes hagiographes, on place sa fête au XXIIIe jour du mois d'août, tandis que dans le calendrier nous trouvons mémoire de saint Armel au 16 août, jour de sa mort [3] ».

Quelle peut être la raison de cette divergence de dates ? D'après l'ensemble des témoignages, il paraît certain que le Bienheureux est décédé le 16 août, ainsi que l'admettent la plupart des historiens, d'accord avec les propres des diocèses ci-dessus mentionnés. L'écart de huit jours, accepté par le propre de Saint-Malo, pourrait

---

[1] *Les Vies des Saints de Bretagne*, p. 151.
[2] *Acta Sanctorum.*
[3] *Acta Sanctorum.*

tenir à l'intervalle écoulé entre le décès et la sépulture, par suite du temps nécessité pour le transfert du corps du lieu de l'obit, comme l'on dit, au lieu de l'inhumation. De la sorte, les rédacteurs du propre malouin auraient suivi la date des obsèques pour l'office, tandis que le calendrier est resté fidèle à celle de la mort selon la version généralement acceptée.

Après avoir parlé des dernières années et de la mort du Bienheureux, nous devons entrer dans quelques détails au sujet de son culte et de ses reliques. Ce sera le complément naturel de notre essai. En effet, dans les desseins mystérieux de sa Providence, Dieu s'attache à faire rayonner par delà le tombeau les vertus éminentes des Saints. Autant ils ont mis de soin à s'envelopper dans le silence et l'humilité, autant le Très-Haut se plait à entourer leur mémoire d'une éclatante auréole de gloire, que ne connaissent jamais les personnages les plus célèbres dans le monde.

VII

CULTE DE SAINT ARMEL, SOUVENIRS ET RELIQUES

Cultus ejus... late in Gallias manavit, isque a remotissima antiquitate in diœcesi Turonensi meritam habet commendationem.

(*Ancien bréviaire de Tours.*)

Les saints et le culte qui leur est rendu dans l'Église, voilà un sujet sur lequel on ne doit pas hésiter à apporter sans cesse de nouvelles précisions, par suite des erreurs qui ont cours même parmi les gens cultivés. En ce qui me concerne, je ne songe jamais sans une certaine stupeur à l'idée étrange que trop souvent l'on se forme touchant les saints, parmi les mécréants et même dans les rangs de certains croyants. Pour les uns et pour les autres, on dirait qu'il s'agit d'une sorte de demi-dieux, tellement au-dessus des humains qu'ils paraissent apparentés à la Divinité. Les premiers, partant des données d'une mythologie de pure fantaisie, et les autres, s'inspirant d'une théologie inexacte, se rencontrent en quelque façon dans un leurre consistant à dérober les saints à la réalité des existences concrètes, faits qu'ils sont pour nous guider et non pour nous décourager. Il y a là, ainsi d'ailleurs que sur plus d'un autre point, une compréhension absolument erronée de la doctrine catholique. Les saints ont été et sont des humains, esprit et corps comme nous, et ils s'avancent vers les cimes de l'éternité au milieu de difficultés analogues à celles que nous rencontrons. La perfection, qui est le privilège de Dieu seul, ne leur appartient pas, et ils n'en possèdent que des parcelles au milieu desquelles le regard divin découvre des taches et des ombres. A l'instar du grand évêque d'Hippone, chacun a le droit et le devoir de stimuler ses propres efforts dans la voie du bien, c'est-à-dire de la sainteté, en répétant avec résolution : « Pourquoi ne pourrai-je pas ce qu'ont fait tels et telles ? » C'est dans ce concept, et non dans les imaginations d'un cerveau troublé par l'irréligion ou rétréci par un puritanisme janséniste, que repose la notion exacte de la sainteté, à laquelle nous devons tendre sans relâche suivant la recommandation formelle du divin Maître.

A son tour, l'un des maîtres les plus autorisés de la vie spirituelle et l'un des plus éminents évêques, saint François de Sales, distingue avec soin la pratique des « vertus » même les plus élevées d'avec les états « de la vie superéminente », qui « ne sont pas vertus : ce sont plutôt des récompenses que Dieu donne pour les vertus », et comme « des eschantillons des felicitez de la vie future ». A part la Vierge Marie, il n'est pas de saint qui n'ait eu d'imperfection et n'ait commis quelque péché véniel, si bien qu'en eux « il se trouve toujours de la perfection et de l'imperfection ». Aussi bien, « ceux qui escrivent leurs vies semblent faire un grand tort à tous les hommes, de celer les pechez et imperfections des

saincts, sous prétexte de les honorer, crainte que
cela ne diminuë ou amoindrisse l'estime qu'on a
de leur saincteté : O non, certes, cela n'est pas ;
mais au contraire, ils font tort et aux saincts et à
toute la postérité [1] ».

Saint Armel a joui, durant sa vie et après sa
mort, d'un tel renom de sainteté et de miracles
que son histoire n'a pas fixé seulement l'attention
des hagiographes bretons et des rédacteurs de
martyrologes. Les auteurs de travaux considérables sur l'Église en général ont été frappés par
cette longue carrière d'ermite. Entre tous, il suffit
de mentionner le Père Lecointe, de l'Oratoire,
dont on n'ignore pas la tendance à se montrer
plutôt exigeant en ce qui concerne l'origine et la
valeur des documents. « Armel ou Arzel, écrit-il,
né en Bretagne environ l'an 482, après avoir
passé par les différents degrés ecclésiastiques,
fut élevé à l'honneur du sacerdoce. Ensuite, plein
de zèle pour la vie monastique, il se dirigea vers
l'Armorique et s'y construisit un oratoire dans
les plaines de Léon, là où est maintenant la
paroisse de Saint-Arzel, vulgairement Plou-
Arzel. Il y resta jusqu'à la mort du comte Ri-
guald ; mais alors, craignant la tyrannie de
Comore, il se rendit vers Judual, qui le reçut
avec de grands honneurs, à cause de la renommée
de ses vertus et des miracles que Dieu daignait
opérer par lui [2]. »

Les témoignages divers que nous avons invo-

---

[1] *Œuvres complètes,* éd. Paris, 1832, t. II, p. 124 ; t. III,
p. 326-327 ; t. IV, p. 253.

[2] *Histoire ecclésiastique des Gaules,* t. I (année 520).

qués au cours de cette étude prouvent manifes-
tement que saint Armel a reçu, à travers les
siècles, les hommages de la vénération populaire.
Les savants auteurs des *Acta Sanctorum*, avec
l'autorité considérable qui leur appartient, ré-
sument bien la question, quand ils écrivent :
« Un culte solennel lui était autrefois rendu dans
un grand nombre de contrées et surtout dans la
Bretagne Armorique. » Pour ce qui est du silence
de quelques vieux martyrologes, outre qu'ils ont
omis une foule de saints personnages, il importe
de faire observer que La Saussaye dans son martyrologe dit, à la date du 16 août : « A Saint-
Malo, Mémoire de saint Armel, confesseur,
célèbre par ses vertus éminentes; » et que Cas-
tellanus écrit : « En Bretagne, auprès de Rennes,
(mémoire) de saint Armel, confesseur, qui passa
sept ans entiers à Paris, et fut toute sa vie occupé
des plus précieux exercices. »

C'est d'ailleurs à une haute antiquité que se
rattachent les documents relatifs à la sainteté et
au culte du Bienheureux. L'Armorique, pour
n'avoir pas conservé tous ses trésors hagiographiques, revendique à juste titre l'avantage d'en
garder une partie notable. Il suffit à cet égard
de citer le bréviaire de Tréguier, dont le manuscrit se rattache au XIIIᵉ siècle. Mais, pour ne pas
surcharger ce texte, nous renverrons en appen-
dice les indications empruntées aux divers livres
liturgiques.

Indépendamment du souvenir fidèlement transmis de génération en génération, à une époque
où la pensée religieuse occupait une place pré-
pondérante dans la vie privée et publique, la

mémoire et le culte du Bienheureux ont été entretenus par les monuments et par les reliques. Pour ce qui est des monuments, oratoires, chapelles, églises, statues et fontaines, on peut en mentionner un bon nombre. Dans la seconde capitale de la Bretagne, dans la cathédrale de Rennes, le 15 août, à la suite des vêpres, on allait en procession devant l'image et l'on portait le bras du saint qui avait été déposé sur l'autel pendant l'office[1]. Le diocèse de Rennes renferme, parmi les paroisses où saint Armel est honoré comme patron : Langouet, Bléruais près de Saint-Méen, Saint-Pern, et il avait son culte au Grand-Fougeray et à Bruz. Dans le diocèse de Saint-Brieuc, outre la ville épiscopale, il y a Langoat (paroisse), Quintin, Lantic; il y a ou il y avait des chapelles dédiées au saint : à Saint-Jean de l'Isle, Saint-Glen, ainsi que le prieuré de Saint-Armel à Loquenvel, dépendant de Saint-Jagut. Au diocèse de Vannes, comme chapelles à lui dédiées, on comptait : Ploërmeur, Sarzeau, Bubry, Caden, Radenac, Meslan. Enfin, on relève : au diocèse de Quimper, Plobanalec et Logonna, et, au diocèse d'Angers, Soucelles, dont le saint est patron[2].

Les oratoires, chapelles et églises sont comme des custodes vénérables qui conservent le Dieu-Hostie, en abritant les cérémonies admirables du culte. Ce sont, en outre, comme des châsses précieuses qui nous gardent les saintes reliques. De tout temps, en effet, les restes des saints,

[1] *Livre des anciens usages de Rennes*, rédigé en 1415.
[2] Notes de D. Plaine, communiquées à M. l'abbé Cruchet : *Vie de saint Armel*, p. 107-108.

désignés sous le nom de reliques, ont provoqué de la part des fidèles la vénération dont on entoure d'ordinaire les souvenirs augustes de la famille, que l'on considère comme un palladium béni ou un mémento respectable. Bienfaiteurs de l'humanité par leurs exemples autant que par leurs œuvres de foi et de charité, ils méritent la gratitude des nations, comme des cités et des individus. Aussi, nos ancêtres attachaient un prix inestimable pour leurs foyers et pour leurs paroisses à la possession de quelques reliques saintes. Hélas! les iconoclastes protestants du XVIe siècle et les vandales révolutionnaires de la fin du XVIIIe siècle ont pillé et fait disparaître une quantité considérable de ces restes vénérés, en même temps que les châsses qui les contenaient, véritable trésor dont la destruction a causé un dommage irréparable à notre patrimoine artistique, en même temps qu'à notre conscience religieuse.

Pour ce qui est de saint Armel, sa mémoire était entourée d'une vénération telle qu'après sa mort on s'attacha à rechercher et conserver pieusement soit quelque partie de son corps, soit quelque objet lui ayant appartenu. Par malheur il en a échappé trop peu à l'action du temps et des hommes. Suivant la tradition communément admise, le saint reçut la sépulture dans la chapelle de son couvent de Saint-Armel des Boschaux, près de Rennes; la tombe qui renfermait ses restes s'y voyait encore au XVIIIe siècle, au rapport de l'historien D. Lobineau[1], et il est vrai-

[1] *Les Vies des Saints de Bretagne*, éd. Tresvaux, p. 150.

semblable qu'elle y est demeurée jusqu'à l'époque de la Révolution. Mais elle ne gardait pas toute la dépouille mortelle du Bienheureux. Comme cela s'est pratiqué pour les saints tenus en grande vénération, on fit, au haut moyen âge, « la levation » de son corps, et l'on en réserva tout au moins une partie pour la placer dans une châsse et l'exposer à la piété des fidèles. Puis, comme cela est arrivé pour plusieurs reliques, notamment pour celles de saint Melaine, à Rennes même, on dut transporter en lieu sûr les châsses pour les soustraire à la cupidité des vandales du nord, avec l'intention de les rapporter en leur asile traditionnel au retour de la sécurité.

On profita d'ordinaire de cette « levation » pour accorder des parcelles plus ou moins insignes aux églises qui avaient des titres pour appuyer leur pieuse supplique. De la sorte, la cathédrale de Rennes reçut un *bras* qu'elle paraît avoir conservé jusqu'à la Révolution. Au rapport du *Livre des anciens usages de Rennes*, rédigé en 1415, ainsi que nous l'avons rappelé à propos du culte, à la cathédrale, on plaçait ce bras sur l'autel durant l'office, le jour de l'Assomption ; et, après les vêpres, on le portait en procession devant l'image de saint Armel.

La paroisse de Ploërmel semble avoir été absolument privilégiée dans la distribution des reliques, et ce n'était que justice en raison de ce que le Bienheureux est comme le fondateur de la ville, bien que vraisemblablement il ne faille pas entendre les textes de la presque totalité du corps. Selon l'affirmation de l'éditeur moderne de D. Lobineau, « ses reliques sont conservées dans l'église paroissiale de Ploërmel. Exposées à la profanation pendant la Révolution, elles furent recueillies par une femme qui les garda avec soin et les rendit lorsque la persécution eut cessé[1]. » Du moins, au XVIII⁰ siècle, suivant le drame ou mystère joué à Ploërmel, on considérait que parmi les obligations envers Dieu pour la ville bretonne,

La plus grande est d'avoir son saint chef en ce lieu.

Par une faveur spéciale de la Providence, le crâne béni du grand solitaire de l'Armorique a traversé la tourmente révolutionnaire sans dommage, pour venir jusqu'à nous. Ploërmel a toujours la joie de posséder cette précieuse relique, enchâssée dans un chef d'argent.

La Touraine avait bien quelque droit à faire valoir, par l'organe de la paroisse de Beaumont-la-Ronce, qui s'honore d'avoir été le séjour béni du Bienheureux. A l'occasion de l'érection de la nouvelle chapelle du saint dans le cimetière, en 1867, Monseigneur l'évêque de Vannes envoya une portion des reliques du saint que l'on exposa dans une châsse en métal, de style ancien comme la garniture même de l'autel. Outre les restes renfermés dans un reliquaire en bois sculpté et doré, ayant la forme d'une nef, l'église paroissiale conserve d'autres parcelles dans un reliquaire en cristal sur un élégant pied en argent doré. Ce sont là des souvenirs autour desquels la dévotion populaire se plaît à monter comme

---

[1] *Les Vies des Saints de Bretagne,* éd. Tresvaux, p. 150.

une perpétuelle garde d'honneur, en particulier par la pure flamme des cierges de cire blanche.

Nous avons terminé la tâche que les circonstances nous ont amené à entreprendre, et nous touchons à la fin de l'histoire de saint Armel. Comme on l'a observé, son pays natal fut la Grande-Bretagne, ainsi appelée par opposition avec la Petite-Bretagne ou Armorique, comprenant le nord-ouest de la Gaule. L'île aux sites pittoresques, que l'on a nommée depuis Angleterre, renfermait parmi ses provinces, au sud-ouest, la Cambrie ou pays de Galles, dont la langue a une affinité marquée avec le celtique de nos vieux ancêtres ou avec le breton actuel. C'est dans cette contrée montagneuse, où le sang des Pictes et des Scots s'était mêlé à celui des conquérants romains et des Anglo-Saxons, que les chroniques placent le berceau de l'ermite qui sollicite notre bon souvenir et mérite notre vénération.

Compatriote et contemporain des Samson, des Malo et des Paul Aurélien, il édifia les populations des deux rives du détroit par l'excellence de ses vertus, plus encore que par les prodiges dont le Seigneur fit comme l'auréole lumineuse d'une carrière toute de piété, de mortification et de dévouement. En Armorique, plus largement qu'en Cambrie, Armel fit servir les dons reçus du Ciel à sa propre sanctification, à la propagation de l'Évangile, au soin des pauvres et au développement du règne du Christ par la parole et par l'action. De concert avec ses frères en religion, empressés à se ranger sous sa direction,

il contribua efficacement au progrès des mœurs,
des idées sociales, du travail manuel et des
divers éléments qui sont les facteurs de la civilisation; nous entendons la civilisation digne de
ce nom, et non pas celle dont les raffinements
confinent à la barbarie. A la cour, où il avait été
mandé avec instance par le roi Childebert Ier,
Armel exerça son influence salutaire de bon
conseiller au mieux des intérêts de la nation, et
fut si apprécié qu'il ne fallut rien moins que sa
demande réitérée pour que le prince consentit à
le laisser se plonger de nouveau dans les pieuses
méditations de la retraite.

En retournant dans sa chère Armorique, devenue sa seconde patrie, il fit une étape de quelque
durée au pays appelé depuis lors Beaumont-la-
Ronce, et y laissa ineffaçable la mémoire de ses
mérites, de ses bienfaits et de ses œuvres religieuses. Fixé de nouveau dans la Bretagne con-
tinentale, il occupa le reste de sa vie aux exercices soutenus de l'humilité, de la pénitence et
de la dévotion, tantôt seul au fond de quelque
ermitage, tantôt dans la compagnie de disciples
rivalisant de pieuse vénération pour leur maître
et leur modèle. Là, ses prédications, appuyées
de miracles, et ses bienfaits sans nombre ne contribuèrent pas peu à détacher les populations
armoricaines des superstitions païennes et à les
ranger sous l'étendard de la Croix. Sa mort,
arrivée vers le milieu du VIe siècle, fut le cou-
ronnement édifiant d'une admirable existence, et
comme le point de départ d'un culte profondé-
ment populaire, qui n'a jamais cessé de se manifester, soit en Bretagne, soit en Touraine, en

particulier dans la paroisse de Beaumont-la-Ronce. Puisse saint Armel y être toujours entouré de cette respectueuse gratitude et de ce confiant souvenir ! C'est notre vœu le plus cher.

Dans son splendide ouvrage le *Génie du Christianisme*, qui traversera les siècles comme le tableau le plus poétique et le plus vrai de la plus sublime religion, et comme la plus triomphale revanche contre l'impiété voltairienne, à tout jamais convaincue d'ignorance, de légèreté et de mauvaise foi, Chateaubriand, grand maître de la pensée humaine et de la langue française, a dessiné puissamment la trame des âges écoulés. Sa plume avait évoqué, d'autre part, « les siècles doublement favorables au génie ou par la solitude des cloîtres, quand on la recherchait, ou par le monde le plus étrange et le plus divers, quand on le préférait à la solitude, » ainsi que « les chapelles, les oratoires, les ermitages, placés dans les lieux les plus pittoresques, au bord des chemins et des eaux », et dont on ne saurait se lasser d'admirer l'élégance avec « toutes les fantaisies d'une imagination libre et inépuisable ». Ici, le penseur et l'écrivain de génie s'adresse aux hommes de son temps et de son pays. Il leur dit avec une haute et décisive raison : « S'il est des lieux pour la santé du corps, ah ! permettez à la religion d'en avoir aussi pour la santé de l'âme, elle qui est bien plus sujette aux maladies et dont les infirmités sont bien plus douloureuses, bien plus longues et bien plus difficiles à guérir. »

A propos des saints, lesquels n'étaient « ni des forts, ni des puissants entre les hommes », il salue avec émotion la religion qui, dans leur personne, en « déifiant l'indigence, l'infortune, la simplicité et la vertu, a fait tomber à leurs pieds la richesse, le bonheur, la grandeur et le vice ». Quant aux diverses pratiques de la dévotion populaire vis-à-vis des saints, Chateaubriand en célèbre la poésie, qui « se fonde sur les mouvements de l'âme et les accidents de la nature, rendus tout mystérieux par l'intervention des idées religieuses. Il faudrait nous plaindre, conclut-il, si, voulant tout soumettre aux règles de la raison, nous condamnions avec rigueur ces croyances qui aident au peuple à supporter les chagrins de la vie, et qui lui enseignent un monde que les meilleures lois ne lui apprendront jamais[1] ».

Dans la légion sainte des fidèles amis de Dieu, des dévots serviteurs de l'Église et des vrais bienfaiteurs de l'humanité, dont les œuvres immortelles défient les sarcasmes impuissants et stériles des séides du panégyriste des grenadiers de Postdam avec leur chef couronné, saint Armel occupe un rang honorable. Ces pages n'ont d'autre but que d'entretenir pieusement son souvenir, en particulier au charmant pays de Touraine. Nos ancêtres se plaisaient à célébrer les bienfaits de saint Armel en des litanies et des cantiques populaires. Nous en avons placé le texte à la fin de cet essai, comme une gerbe de fleurs à la

---

[1] *Génie du Christianisme*, partie II, liv. IV, ch. VII; — III, liv. V, ch. IV; — IV, liv. III; ch. III.

louange du Bienheureux et une invitation à lui rendre les honneurs qu'il mérite si parfaitement. Ce sera notre modeste tribut d'hommages, en qualité de gardien de sa mémoire bénie.

En effet, la Providence nous ayant placé d'une façon temporaire au pays où fleurit plus spécialement le culte de saint Armel, il nous a semblé que, parmi les œuvres du ministère paroissial qu'elle attendait de nous, il y avait l'extension de ce culte, non seulement dans la paroisse des rives de la Choisille, mais dans les autres contrées. Témoin ému de la confiance sans bornes que les fidèles lui témoignent par leurs vœux, leurs prières, leurs pèlerinages et leur *ex-voto*, nous avons souhaité, nous aussi, de déposer autour de son image vénérée le témoignage de notre pieuse reconnaissance. Si ce n'est pas l'offrande la plus digne d'attirer les bénédictions du Saint, du moins, nous voudrions que ce fût l'inspiration la plus propre à le faire mieux connaître et aimer.

DOCUMENTS ANNEXES

On l'a constaté à plusieurs reprises, le culte de saint Armel remonte à la plus haute antiquité. Les manuscrits du moyen âge, de nature à nous en fournir les preuves écrites, ne nous ont pas été conservés. Mais, avant de disparaître, ils ont transmis leur tradition immémoriale aux ouvrages sortis des presses de l'imprimerie, et ces derniers nous apportent dès l'origine leurs témoignages décisifs. Ces témoignages sont relatés notamment dans les bréviaires de la Bretagne, dans la partie réservée aux saints de chaque diocèse. Le plus ancien bréviaire breton connu, et dont une portion seule nous est parvenue, est celui de Saint-Yves de Tréguier, que l'on gardait jadis avec vénération dans la cathédrale de Tréguier, puis dans celle du Minihi-Tréguier; actuellement le calendrier comprend quatre mois de mai à juin, mais le manuscrit offre ceci d'intéressant qu'il se rattache au XIIIe siècle avec des additions postérieures. Le diocèse de Léon avait aussi son bréviaire d'âge reculé, et il en reste une partie, de l'Avent à la Pentecôte, dans un volume jadis à la bibliothèque Royale, et aujourd'hui à la Nationale. Ce volume, de petit format carré et imprimé à Paris en 1516, est en caractères gothiques très nets. On possède également en partie (de la Trinité à l'Avent) le bréviaire de Saint-Brieuc, aussi conservé à la Nationale, et qui fut imprimé en 1548. Entre les deux se place le bréviaire de Dol, imprimé en 1519, par les soins de l'évêque Mathurin de Pledren. Le plus important est le bréviaire à l'usage de l'église de Saint-Malo, qui a été imprimé en 1489, chez Jean Higman à Paris. L'*Office de saint Armel*, qui est contenu dans la partie d'été, ou *sanctorale æstivale*, résume la vie du saint religieux et a été la source principale à laquelle les hagiographes ont puisé.

Les légendes du bréviaire, *legenda*, sont pour notre Bienheureux, comme pour les autres saints, une source féconde de renseignements. Le texte des leçons reçoit son complément dans celui du Calendrier, très sommaire il est vrai, mais utile en particulier pour la chronologie. A ce sujet, voici quelques brèves indications. Le calendrier de l'abbaye de Saint-Méen (manuscrit du xve siècle) : Au xvii des calendes de septembre (16 août) *Armagili confessoris commemoratio*. De même le calendrier de l'ancien bréviaire de Saint-Brieuc : *Armagili confessoris, 9 lect.* De même le calendrier de l'ancien bréviaire de Léon : *Armagili confessoris, 9 lect.* De même le calendrier de l'ancien bréviaire de Nantes : *Armagili confessoris.* De même le calendrier de l'ancien bréviaire de Dol : *Armagili confessoris memoria.* De même le calendrier de l'ancien bréviaire de Saint-Mélaine, de Rennes : *Armagili confessoris commemoratio.* Dans le propre de Vannes (1660) : 16 Augustus : *SS. Armagili et Rochi, duplex.* Dans le calendrier du diocèse de Rennes (1627) : 16 Augustus : *S. Armagili confessoris commemoratio.* Dans le propre de Saint-Malo (1627) : 16 Augustus (S. Roch seul).

Nous devons présenter ici une observation touchant le vocable de saint Armel. L'Armorique a connu un autre saint du nom d'Armel, *Armagillus* ou *Armagilus*, au sujet duquel on possède fort peu de renseignements. On sait qu'il occupa le siège de Saint-Malo dans les commencements. Au dire du Père du Paz, il figure parmi les premiers évêques malouins ; de son côté, le Père Albert le Grand en fait le quatrième évêque et place sa mort en 627. Selon ce dernier historien, un autre saint Armel fut évêque de Saint-Malo et décéda en l'an 663. A son tour, D. Lobineau mentionne « saint Armel, évêque et confesseur », et relate les dires des auteurs que nous venons de citer. Puis, le bénédictin ajoute sans préciser : « Ce sera d'eux, si l'on veut, plutôt que de saint Armel, confesseur, que porte le nom une paroisse de Bretagne, et Ploé-Armel dans le diocèse de Vannes, à laquelle on peut ajouter Ergué-Arzmael, paroisse du diocèse de Quimper. » Cet auteur, à ce propos, poursuit : « André de Saussay, dans son Martyrologe de France, marque la fête de saint Armagilus au 16 août ; en quoi il pourrait bien avoir confondu saint Armel abbé, et saint Armel évêque (16 août). » Mais alors, pourquoi D. Lobineau tombe-t-il lui-même dans cette distraction d'indiquer également la fête de l'évêque au « 16 août » ? Au même endroit, D. Lobineau écrit : « Saint Armael ou Armahel, selon le Père Augustin du Paz, fut le septième évêque de Dol, et institua saint Thuriau son successeur[1]. » Il est en dehors de notre sujet d'élucider ce point d'histoire bretonne, et nous laissons ce soin à ceux qui sont mieux en mesure de compulser les Annales armoricaines.

II. — LE CULTE DE SAINT ARMEL EN TOURAINE
NOTAMMENT A BEAUMONT-LA-RONCE.

Nous compléterons les renseignements qui précèdent par les indications que nous puiserons dans les ouvrages liturgiques propres à la Touraine. Dans le missel tourangeau de 1784, la fête de saint Armel, qua-

---

[1] *Les Vies des Saints de Bretagne*, t. I, p. XLII.

4

lifié « solitaire », est placée au 19 août et, pour les
oraisons de la messe, on renvoie à la messe des abbés.
Dans le calendrier, en tête du missel, on lit au
19 août : « De l'octave de l'Assomption avec mémoire
de saint Armel (Armagilli), solitaire en Armorique,
vɪᵉ siècle » (f. 17 f. 539). — Dans le bréviaire tourangeau de 1826, la mention de saint Armel se lit dans le
calendrier au 19 août : « Mémoire de saint Armel, solitaire au vɪᵉ siècle. » Dans le corps du bréviaire la
fête est marquée également au 19 août. La deuxième
leçon est de saint Bernard touchant la sainte Vierge,
et la troisième « de sancto Armagillo ». Nous en
transcrivons ici le texte :

Armagillus, Britanniâ majore oriundus, sic ab adoles-
centiâ perfectus coram Deo ambulavit, ut jam tum editis
claruerit miraculis. Perculsus autem hoc Domini Jesu
oraculo : Omnis ex vobis qui non renuntiat omnibus quæ
possidet, non potest meus esse discipulus, patriam dese-
ruit et parentes ; sibique adjunctis quibusdam sociis,
Aremoricam petens, in agro Leonensi aptam solitariæ
vitæ sedem elegit. Sanctitatis et miraculorum fama Childeberto primo cùm innotuisset, ab illo accercitus est cum
fratribus, quos posteâ dimisit ; sed ipse regi obsequens
sex annos in aulâ commoratus est. Impetratâ denique ad
suos revertendi licentiâ, in vastam juxta Rhedones solitu-
dinem sibi a Childeberto concessam protinùs recessit,
ibique ædificatâ cellâ, cælestium rerum contemplationi,
pœnitentiæque laboriosæ operibus totum se tradidit, et
frequentibus in dies illustrior evasit prodigiis. Indè in
Aremoricæ partes inferiores excurrens, semen salutis
ubique sparsit, multosque ab ethnicâ cæcitate ad illumina-
tionem Evangelii gloriæ Christi perduxit. Regressus in
monasterium, sanctissime, ut vixerat, mortuus est. Cultus
ejus in tota regione statim celebris, latè in Gallias manavit, isque a remotissimâ antiquitate in Diœcesi Turonensi
meritam obtinet commendationem.

Lors de la revision du Propre de Tours en 1913, saint
Armel, dont la cause n'a pas dû être examinée avec
une attention suffisamment approfondie, a cessé d'avoir
dans le bréviaire la « mémoire » et la leçon qu'il y avait à

juste titre, « meritam commendationem, » dirons-nous
à notre tour, et cela de temps immémorial, « a remotissima antiquitate. » — De même, dans la revision du
propre approuvée en 1915, faute d'avoir eu un avocat
connaissant bien la cause, le Bienheureux a continué
de demeurer en dehors du seuil liturgique, alors que
nos ancêtres le lui avaient fait franchir par la double
considération de la Touraine et de l'Armorique, car on
sait que Tours fut durant de longs siècles le chef-lieu
de la province ecclésiastique de Bretagne.

Ces documents d'un caractère général demandent
à être complétés par quelques renseignements d'intérêt
local. En particulier, la chapelle consacrée à honorer
la mémoire de saint Armel et qui, de temps immémorial, fut le centre de pèlerinages, ou de « voyages »,
trouvera ici certaines indications plus spéciales.

L'ancienne chapelle de saint Armel, on s'en souvient, était construite en moellon et recouverte en
tuile; une porte à claire-voie avec balustres fuselés
permettait de voir et vénérer du dehors la statue du
Bienheureux, faite en terre cuite, et conservée actuellement dans l'église paroissiale. Le cimetière l'entou-
rait de ses tombes où les paroissiens dormaient leur
dernier sommeil. Ce n'est que par exception, et sans
doute en vertu d'une faveur méritée par quelque acte
de religion à l'égard du saint, que l'on pouvait être
inhumé dans la chapelle. Dans les registres nous relevons seulement les sépultures suivantes : le 14 mars 1667,
la veuve Ludonneau; le 12 janvier 1714, une enfant
de trois ans, Marie-Anne, fille de Charles Vaslin;
le 25 février 1776, la mère de M. Pouperon, curé.

A ce sujet, à titre de mémoire, nous transcrivons ici
cette note également tirée des registres : « Aujour-
d'ui, 21 août 1791, avons réhabilité le cimetière de
saint Armel; la cérémonie s'en est faite, à l'issue des
vespres, en présence et selon les désirs des habitants
de cette paroisse. » Cela tient à ce qu'en 1788, on
avait choisi et bénit plus à l'ouest un nouvel empla-

cement pour le cimetière et qu'on dut l'abandonner.

Pendant que nous sommes aux sépultures, nous mentionnerons une incription funéraire en capitales sur marbre blanc, encastrée à la base du mur nord de la nouvelle chapelle, et relatant une autre inhumation faite dans la chapelle précédente : *Hic jacet expectans — Beatam resurrectionem — Ludovica Maria de Beaumont — Obiit anno* MDCCCIII *— ætatis suæ* XXIII.

Au cours de la Révolution, à l'instar de l'église paroissiale, la chapelle de saint Armel avait eu à souffrir des injures du temps, sinon des hommes. La tourmente passée, le recteur chargé de la paroisse ne manqua pas de s'occuper du culte de saint Armel et de la remise en état de sa chapelle. A cet égard, nous lisons dans les registres paroissiaux : « Le vingt septembre mil huit cent deux, nous soussigné avons célébré une messe solennelle à la chapelle de saint Armelle, à l'intention de tous les paroissiens qui ont contribué par leurs aumônes à son rétablissement et à sa décoration. — Charles Jeuffrain, desservant. »

La chapelle fut de temps à autre l'objet de travaux d'entretien. En 1810, en particulier, on voit le menuisier mettre « un carreau de vitre à un cadre de saint Armel », le serrurier y poser des pattes et crochets, et le maçon « blanchir la chapelle » avec la chaux indigo. A l'hiver de 1811, le serrurier Huet fait et pose une clef à « saint Armel », et, en 1812, on voit des fournitures de bois « pour la couverture de la chapelle de saint Armel », faites par MM. Gripouilleau et Conrad, « associés ». En 1818, le serrurier Huet est employé « à la chapelle Saint-Armel », et, en janvier 1819, c'est le couvreur Jouveau qui est payé « pour ouvrages faits à Saint-Armel, pour ôter la croix du petit clocher, la replacer, avoir remis des ardoises et tuiles ». En 1826, la chapelle fut l'objet de travaux d'amélioration ; en septembre, on payait au maçon Jacob 5 l. 4 s. « pour renduire et blanchir la chapelle de saint Harmel, » et au charpentier Thorigny 9 l. « pour ouvrages et fournitures de bois aux portes Saint-Harmel ».

Parmi les dépenses relatives au culte de saint Armel, nous relevons dans les registres des comptes les indications suivantes : « 1843, 26 août, 14 francs à M. Charbonnier, orfèvre à Tours, pour le reliquaire de saint Armel. » En 1844, le 15 janvier, le charpentier Thorigny-Mauvilain reçoit 28 fr. 30 « pour l'arc de triomphe de saint Armel, et 15 francs pour échafaudages à l'usage du doreur » ; le 20 mars, payé 1 fr. 15 pour « le port de la statuette de saint Armel » ; 17 mai, aux carmélites 6 fr. 50 pour « les inscriptions des reliquaires de saint Martin et de saint Armel » ; 1845, 5 janvier, à Baslé, menuisier à Tours, 80 francs « pour la niche où sont placées les reliques de saint Armel ».

A la solennité de saint Armel, l'officiant était assisté d'un diacre et d'un sous-diacre, et cette fonction, à défaut de clercs revêtus de cette dignité, était remplie, du moins à titre de figurants, par des civils revêtus des vêtements de cérémonie. Ainsi, en 1856, on payait deux francs à Pichon et à Ramaugé, « comme diacre et sous-diacre à l'Assomption et à saint Armel » ; ils remplissent la même fonction à la procession de saint Clément. On voit les mêmes en fonction les années suivantes. Les deux porteurs des reliques de saint Armel en procession reçoivent un franc ; en 1866, le reliquaire est porté par deux hommes du nom d'Armel : Armel Daumas et Armel Dervault.

Les archives paroissiales de Beaumont-la-Ronce, outre les registres, renferment des notes laissées par M. l'abbé Vannereaux, curé, sous le titre : « Usages de la paroisse Saint-Martin de Beaumont-la-Ronce. » On y rencontre cette mention : « Le 25 avril, jour de saint Marc, au cours de la procession à travers la campagne, le cortège s'arrête à la chapelle de saint Armel et l'on chante trois fois : *Sancte Armagille, intercede pro nobis*, que le chœur répète, avec l'oraison du saint. — Le 19 août, quand ce n'est pas dimanche, ou le lendemain, quand le 19 est un dimanche, grand'-messe en l'honneur de saint Armel dans la chapelle du cimetière ; on y vénère ses reliques. — Le dimanche 19 août, ou le premier dimanche après le 19, fête de saint Armel sous le rite de 2ᵐᵉ classe ; les reliques du saint sont exposées toute la journée devant l'autel de la sainte Vierge. Après le salut, procession extérieure, où l'on porte les reliques de saint Armel. En sortant de l'église, on chante le psaume xiv : *Domine, quis habitabit*, et on se dirige vers le cimetière. On dépose quelques instants les reliques dans la chapelle de saint Armel, on chante l'hymne *Iste confessor*, suivie de l'invocation *Sancte Armagille, intercede pro nobis*, et de l'oraison du saint. On part ensuite du cimetière en chantant les litanies des saints, on rejoint directement la route de Rouziers, on la suit jusqu'à la croix du Jubilé, d'où l'on rentre à l'église. Au retour, vénération des reliques pendant le chant du cantique de saint Armel. »

La nouvelle chapelle en pierre et brique, de style néo-byzantin, et mesurant 8 m. de longueur sur 5 m. de largeur, a été élevée en grande partie par la générosité de M. le marquis Léopold de Beaumont, d'après les plans de l'architecte Guérin. Elle a été bénie le 27 septembre 1867, au milieu d'une affluence considérable, par Mᵍʳ Guibert, archevêque de Tours, depuis archevêque de Paris et cardinal. Un médaillon en haut-relief sur pierre, au fronton, représente saint Armel triomphant du dragon, avec son étole dans la main gauche et un aspersoir dans la droite ; la même attitude paraît dans une statue en pierre, œuvre du sculpteur Damien et placée au-dessus de l'autel. L'autel est rehaussé d'une châsse en cuivre et de quatre chandeliers aussi en cuivre de style néo-roman. Sur les murs, une série d'ex-voto de diverses sortes attestent naïvement la vénération et la gratitude des pèlerins. L'abside semi-circulaire est éclairée par trois

VIE DE SAINT ARMEL.

Vitraux de la chapelle de saint Armel, à Beaumont.

verrières à médaillons du style xiiie siècle, sorties des ateliers renommés de M. Léopold Lobin.

Tandis que le vitrail central se rapporte à la personne du Sauveur, les deux de chaque côté figurent des scènes de la vie de saint Armel. La verrière, du côté de l'évangile, à partir d'en bas, représente : le *Voyage en Armorique*, et sur le bateau à voile avec deux rameurs à la poupe, le saint en robe de bure à nimbe rouge se tient debout, la croix à la main, ayant avec lui trois religieux assis à la proue ; la *Prédication*, où le saint, tenant un livre de la main gauche et nimbé d'or, annonce l'Évangile à une foule de tout âge, en présence d'une idole brisée en deux ; l'*Ambassade du roi Childebert*, où deux messagers à cheval s'adressent au saint nimbé d'or sur la porte de sa cellule ; la *Guérison d'un paralytique*, où, en présence du roi avec la couronne d'or, assis sur son trône et de la gauche tenant la main de justice, le saint nimbé opère la guérison du paralytique qu'il bénit de la droite et touche de la gauche, tandis que les béquilles gisent sur le sol.

Le vitrail, du côté de l'épître, représente à partir du bas : *le Départ de la cour*, où le roi et la reine debout, couronnés d'or, et le prince tenant la main de justice, sont salués par le saint qui les bénit de la droite, tandis que l'autre tient le bâton de voyage ; *Saint Armel ayant repris sa vie d'ermite opère des miracles*, scène dans laquelle auprès de son couvent, debout avec le nimbe d'or et son livre de la gauche, il guérit un aveugle en touchant les yeux de la droite, et en arrière on voit un homme et une femme perclus ; *Saint Armel délivre la contrée d'un dragon*, scène où nimbé d'or, à l'aide de son étole qu'il tient de la gauche et a jetée autour du cou du monstre, il le précipite dans les ondes ; derrière le saint, paraissent un religieux debout et un laïque à genoux l'air effrayé et suppliant ; sa *Mort*, médaillon dans lequel le saint nimbé de rouge est étendu sur son lit sous les arcades du cloître : de la gauche il tient la croix sur sa poitrine, et de la droite il bénit; près de lui sont trois religieux dont l'un, en habits liturgiques, tient un ciboire d'or pour la communion en viatique. Ces verrières, qui mesurent 3 m. 60 de haut sur 0,70 cent. de large, ont été exécutées dans l'atelier de l'excellent peintre Lobin, dont chaque vitrail garde en bas la signature : « L. LOBIN, Tours, 1867. »

Tels sont les renseignements qui se rapportent au culte dont saint Armel est honoré, de temps immémorial, dans la paroisse de Beaumont-la-Ronce. Comme les témoins qui parlent aux yeux sont toujours accueillis plus favorablement, nous avons pensé qu'il était à propos de donner quelques reproductions photographiques, dont la plupart sont dues à l'intelligente complaisance de M. le lieutenant Chauvin, décoré de la Croix de guerre. Nous y joignons des vues de l'ancienne église paroissiale de Beaumont et de l'église actuelle de Ploërmel, pour compléter cet intéressant ensemble de souvenirs.

LITANIES EN L'HONNEUR DE SAINT ARMEL

(Tirées d'une Neuvaine du saint, Tours, 1868.)

Seigneur, ayez pitié de nous.
Christ, ayez pitié de nous.
Seigneur, ayez pitié de nous.
Christ, écoutez-nous.
Christ, exaucez-nous.
Père céleste, qui êtes Dieu, ayez pitié de nous.
Fils, Rédempteur du monde, qui êtes Dieu, ayez pitié
    de nous.
Esprit-Saint, qui êtes Dieu, ayez pitié de nous.
Trinité sainte, qui êtes un seul Dieu, ayez pitié de
    nous.
Sainte Marie, Mère de Dieu, priez pour nous.
Saints Anges et Archanges, priez pour nous.
Saint Armel, priez pour nous.
Saint Armel, qui dès votre enfance avez été doux et
    humble de cœur, priez pour nous.
Saint Armel, qui dans votre jeunesse avez été favorisé
    du don des miracles, priez pour nous.
Saint Armel, qui croissant en âge faisiez d'admirables
    progrès en sainteté, devant Dieu et devant les hommes,
    priez pour nous.
Saint Armel, dont la piété était si profonde, priez pour
    nous.
Saint Armel, l'honneur et le modèle de vos condis-
    ciples, priez pour nous.
Saint Armel, dont la vie et les mœurs étaient angé-
    liques, priez pour nous.
Saint Armel, qui supportiez les injures avec patience,
    priez pour nous.
Saint Armel, dont la mortification était admirable,
    priez pour nous.

Saint Armel, qui serviez Dieu avec une crainte respectueuse, priez pour nous.

Saint Armel, dont le manteau guérit un malade, priez pour nous.

Saint Armel, prêtre vraiment selon le cœur de Dieu, priez pour nous.

Saint Armel, qui étiez charitable envers les pauvres, priez pour nous.

Saint Armel, qui avez renoncé à tout ce que vous possédiez, priez pour nous.

Saint Armel, qui avez abandonné votre patrie et vos parents pour vous attacher à Jésus-Christ, priez pour nous.

Saint Armel, qui fûtes le modèle des fervents solitaires, priez pour nous.

Saint Armel, qui à l'exemple de Jésus-Christ vous retirâtes dans la solitude pour faire pénitence, priez pour nous.

Saint Armel, qu'une vie sainte et des miracles éclatants rendirent illustre, priez pour nous.

Saint Armel, que le roi Childebert appela dans son conseil, priez pour nous.

Saint Armel, qui à la cour royale viviez comme dans la retraite, priez pour nous.

Saint Armel, qui ne vous laissâtes pas corrompre par les flatteries du monde, priez pour nous.

Saint Armel, qui fûtes toujours humble, même au faîte des honneurs, priez pour nous.

Saint Armel, dont le roi apprécia la céleste sagesse, priez pour nous.

Saint Armel, qui retournâtes avec joie dans la solitude, priez pour nous.

Saint Armel, dont les jeûnes étaient très austères, priez pour nous.

Saint Armel, qui ne cherchiez de consolation qu'en Dieu, priez pour nous.

Saint Armel, très zélé pour l'oraison et la pénitence, priez pour nous.

Saint Armel, qui avez guéri un paralytique, priez pour nous.

Saint Armel, qui avez rendu la vue à un aveugle, priez pour nous.

Saint Armel, qui en Touraine guérissiez les malades, priez pour nous.

Saint Armel, qui à Beaumont avez vécu en dévot ermite, priez pour nous.

Saint Armel, qui au nom de Jésus-Christ avez calmé tant de douleurs, priez pour nous.

Saint Armel, qui avez rendu célèbre par des grâces insignes la chapelle de Beaumont placée sous votre vocable, priez pour nous.

Saint Armel, apôtre de nos pères, priez pour nous.

Saint Armel, vainqueur de l'antique dragon, priez pour nous.

Saint Armel, qui avez enchaîné le monstre de l'idolâtrie, priez pour nous.

Saint Armel, modèle de vos frères par vos paroles et vos œuvres, priez pour nous.

Saint Armel, qui étiez la terreur de l'enfer, priez pour nous.

Saint Armel, qui avez connu à l'avance le terme de votre vie, priez pour nous.

Saint Armel, qui soupiriez après la céleste patrie, priez pour nous.

Saint Armel, qui à l'heure de votre mort exhortiez vos disciples à la foi et à la charité, priez pour nous.

Saint Armel, enseveli avec honneur par vos frères, priez pour nous.

Saint Armel, dont le sépulcre a été illustré par des miracles, priez pour nous.

Saint Armel, refuge des infirmes et des affligés, priez pour nous.

Saint Armel, qui guérissez les malades, priez pour nous.

Saint Armel, qui apaisez les orages, priez pour nous.

Saint Armel, notre espoir dans les angoisses de la vie, priez pour nous.

Saint Armel, notre avocat auprès de Dieu, priez pour nous.

Saint Armel, dont la mémoire est toujours en vénération, priez pour nous.

Saint Armel, toujours favorable à ceux qui vous invoquent, priez pour nous.

Saint Armel, qui régnez dans le ciel avec les Bienheureux, priez pour nous.

Saint Armel, qui vous intéressez spécialement à la paroisse placée sous votre protection, priez pour nous.

Saint Armel, dont nous possédons et vénérons pieusement les précieuses reliques, priez pour nous.

Agneau de Dieu, qui effacez les péchés du monde, pardonnez-nous, Seigueur.

Agneau de Dieu, qui effacez les péchés du monde, exaucez-nous, Seigneur.

Agneau de Dieu, qui effacez les péchés du monde, ayez pitié de nous, Seigneur.

Christ, écoutez-nous.

Christ, exaucez-nous.

℣. Priez pour nous, saint Armel.

℟. Afin que nous soyions dignes des promesses de Notre-Seigneur Jésus-Christ.

Oraison. O Dieu, qui, en considération des mérites du bienheureux Armel, l'avez honoré de la gloire éternelle, accordez-nous, nous vous en supplions, la grâce d'arriver également sous sa conduite à la céleste Patrie. Par Jésus-Christ Notre-Seigneur. Ainsi soit-il.

CANTIQUE EN L'HONNEUR DE SAINT ARMEL

(Composé pour la paroisse de Beaumont.)

Air : *O saint Pontife...* (*saint Martin.*)

REFRAIN

O saint Armel, apôtre de nos pères,
Nous implorons aujourd'hui ton secours ;
Reçois nos vœux, accueille nos prières, } *bis.*
Sauve la France et garde-la toujours.

I. Jeune encor tu vêtis la bure,
Sous la bannière du Sauveur ;
Tu quittas « l'Ile de Verdure »
Pour fuir des puissants la faveur.

II. La Bretagne aux roches sauvages
Entendit ta voix de bonté :
Tu conquis les plus fiers visages
Par tes œuvres de charité.

III. Aux grands comme aux petits ton âme,
Versant les fortes vérités,
Communiqua sa propre flamme
En voilant ses austérités.

IV. Ton nom vint à la cour royale,
Et Childebert te fit mander ;
Ta vertu, chaque jour égale,
Te garda contre tout danger.

V. Puis, sur les rives de la Loire,
Au peuple trop déshérité
Tu dis le Royaume de Gloire,
Par le Rédempteur mérité.

VI. De Beaumont le bois solitaire
Fut ton ermitage acclamé,
Et son clan jadis réfractaire
Bénit ton oratoire aimé.

VII. Au soir de ta sainte carrière,
L'Armorique fut ton séjour ;
Pour nous, de ta douce lumière
Nous nous souviendrons toujours.

VIII. Reçois notre reconnaissance
Du bien que tu fis en ces lieux ;
Ton zèle, ta persévérance
Ouvrit le ciel à nos aïeux.

IX. Fontaine, chapelle et reliques,
Redites aux jours attristés
D'Armel les accents magnifiques,
Pour calmer nos cœurs angoissés !

X. Veille, grand saint, sur notre France,
Mère sublime des douleurs ;
Hâte son jour de délivrance,
En *Alleluia* change ses pleurs !

STATUE DE SAINT ARMEL EN TERRE CUITE
ET RELIQUAIRE DE SAINT ARMEL EN BOIS DORÉ (BEAUMONT)

TABLE DES MATIÈRES

DÉDICACE. 5

LETTRE DE S. G. Mgr L'ARCHEVÊQUE DE TOURS A L'AUTEUR. 7

PRÉFACE. 9

I. — Naissance et jeunesse d'Armel. 17

II. — Émigration de saint Armel en Armorique. . . 24

III. — A la cour royale. 29

IV. — Départ de la cour et séjour de saint Armel en Touraine 35

V. — Saint Armel se fixe définitivement en Armorique. Ses vertus, ses œuvres, ses miracles. 44

VI. — Ses derniers moments et sa mort. 51

VII. — Culte de saint Armel, souvenirs et reliques. 58

DOCUMENTS ANNEXES

I. — Le culte de saint Armel en général. 71

II. — Le culte de saint Armel en Touraine, notamment à Beaumont-la-Ronce. 73

III. — Litanies en l'honneur de saint Armel. 81

IV. — Cantique en l'honneur de saint Armel. . . . 85

TABLE DES PLANCHES

1. Scènes de la vie de saint Armel, vitraux de la chapelle à Beaumont-la-Ronce.

2. Chapelle de saint Armel à Beaumont-la-Ronce.

3. Fontaine de saint Armel à Beaumont-la-Ronce.

4. Statue de saint Armel, terre cuite, à Beaumont-la-Ronce.

5. Vues de l'ancienne église paroissiale de Beaumont-la-Ronce.

6. Église de Saint-Armel à Ploërmel (Morbihan).

37895. — Tours, imp. Mame.

DIVERS OUVRAGES DE L'AUTEUR

Le château et la Sainte-Chapelle de Champigny-sur-Veude, Notice historique et archéologique, 112 p. (3 éditions, 1881, 1887, 1893).

Histoire de Richelieu et des environs, au point de vue civil, religieux et artistique, avec une carte, 1890, 532 p.

École de calligraphie et de miniatures de Tours, des origines au xe siècle, 1891, 136 p.

Clos-Lucé, séjour et mort de Léonard de Vinci, 1893, 124 p.

Dix ans à Tours sous Louis XI, d'après les registres municipaux, 1890, 78 p.

Oiron, le château et la Collégiale, 80 p. (2 éditions, 1889, 1900).

La Touraine dans les missions, Urbain Lefèvre, missionnaire, 1888, 100 p.

Saint-Aignan, Tésée, Montrichard, 1890, 31 p.

Fontevrault, son histoire et ses monuments, 104 p. (2 éditions, 1890, 1897).

Les Rues de Tours et les vieilles enseignes, avec un plan, 136 p.

La Touraine et les travaux de géographie, 1893, 16 p.

Montreuil-Bellay, le Puy-Notre-Dame et Asnières, 112 p.

L'archevêché et la cathédrale de Tours, 62 p.

Montrésor, le château, la Collégiale et les environs, 1897, 104 p.

Langeais et son château, monuments et souvenirs, 288 p.

Le Coudray-Montpensier, l'abbaye de Seuilly et les environs, 1900, 260 p.

L'abbaye bénédictine de Bois-Aubry, 80 p.

Le tombeau d'Agnès Sorel à Loches, 40 p.

Loches, son histoire et ses monuments, 1900, 30 p.

Le Temple de Minerve, à Yzeures.

Hôtel Goüin, notes historiques, avec planches.

Jeanne d'Arc en Touraine, d'après les documents officiels, 1899, 68 p.

Notice sur Mgr Casimir Chevalier, 30 p.

Le château du Rivau.

Les arts industriels en Touraine : I. Documents sur la Céramique, 1893, 60 p. — II. Histoire de la fabrique de soieries de Tours, 1900, 336 p. — III. La Manufacture de Tapisseries de Tours, avec planches, 1904, 200 p.

Au Jardin de la France : I. Silhouettes d'antan, 1903, 376 p. — II. Coutumes d'autrefois, 1904, 300 p.

La Touraine historique et monumentale : Amboise, le Château, la Ville et le Canton, 1897, in-4°, 616 p., 300 planches.

Le château de Véretz, monuments et souvenirs, 1904, 500 p., 260 planches.

Le Mont-Saint-Michel, son Histoire et ses Merveilles, 1910, 550 p., 365 planches.

Le château de Chaumont, 1908, 500 p., 250 planches.

L'abbaye de Beaulieu-lès-Loches, Notes d'histoire et d'archéologie, 1914, 250 p. avec nombreuses planches.

Le Livre d'or d'une famille tourangelle : La Maison de Marolles dans le passé et le présent, 1918.

Histoire de cinq tableaux, de Jean Cousin.

Journal d'un religieux proscrit, du diocèse de Tours (1793-1795).

Les Piles romaines, 1892.

La Touraine à travers les âges, avec 2 plans, 284 p., 250 planches.

37895. — Tours, impr. Mame.